Klabund

Die Harfenjule

Gedichte, Lieder & Chansons

CLASSIC PAGES

Klabund

Kriegsbuch
Gedichte, Lieder & Chansons

Reihe: *classic pages*

ISBN: 978-3-86741-521-7

Auflage: 1
Erscheinungsjahr: 2010
Erscheinungsort: Bremen, Deutschland

© Europäischer Hochschulverlag GmbH & Co KG, Fahrenheitstr. 1, 28359 Bremen (www.eh-verlag.de). Alle Rechte beim Verlag und bei den jeweiligen Lizenzgebern.

Inhalt

Die Harfenjule.	7
Deutsches Volkslied.	8
Der geistige Arbeiter in der Inflation.	9
Berliner Mittelstandsbegräbnis.	10
In der Stadtbahn.	10
Berliner in Italien.	11
Die Ballade von den Hofsängern.	12
Baumblüte in Werder.	13
Grabinschriften.	14
Zu Amsterdam.	15
Die Wirtschafterin.	15
Drei wilde Gänse –	16
In Lichterfelde Ost.	17
Im Obdachlosenasyl.	18
Er hat als Jöhre.	19
Ich baumle mit de Beene.	20
Meier.	21
Berliner Ballade.	21
Liebeslied.	22
Trinklied.	22
Bürgerliches Weihnachtsidyll.	23
Die heiligen drei Könige.	24
Bauz.	25
Schwindsüchtige.	25
Der Seiltänzer.	26
Mystik.	26
Philosophie.	27
Spaziergang.	27
Melancholie.	28
Ad notam.	28
Der Verzweifelte.	29
Unglücksfall.	30
Der kleine Mörder.	30
Der Backfisch.	31
Tango.	32
Das Wassermädel.	32
Münchner Sonette.	33
Montreux.	34

Theater.	34
Der Romanschriftsteller.	35
Der Lehrer.	35
An die Natur.	36
Winterschlaf.	36
Nach der Schlacht an der englischen Front.	37
Pogrom.	37
Der neue Rattenfänger.	38
Russische Revolution.	39
Die Karsavina vom russischen Ballett tanzt.	41
Lied der Zeitfreiwilligen.	42
Vorfrühling 1923.	43
Nachruf auf Cuno.	44
Regenschirmparaden.	45
Der Landwirt Würstlein von Sebelsdorf.	45
Oberammergau in Amerika.	46
Gang durch den herbstlichen Wald.	47
Die Ballade des Vergessens.	48
Gut Holz.	51
Der rumänische Räuberhauptmann Terente.	52
Leiferde.	53
Abschiedsworte an einen Nordpolarfahrer.	54
Sonette des Spielers.	55
Das tanzende Terrarium.	59
Das Meer.	62
Die Mondsüchtige.	62
Eifersucht.	63
Weihnacht.	64
Ewige Ostern.	65
Mond und Mädchen.	65
Nacht im Coupé.	66
Kukuli.	66
Als sie meine Stimme im Radio hörte.	67
Als sie zur Mittagszeit noch schlief.	67
Als sie die ihr geschenkte Kristallflasche in der Hand hielt.	67
Liebeslied.	68
Nachts.	68
Du warst doch eben noch bei mir.	68
Zwiegespräch.	69
Sommerelegie.	69
Regen.	70

Die letzte Kornblume.	71
Zeesener Dreizeiler.	71
Ode an Zeesen.	72
Auf dem Friedhof von Zeesen.	77
Mond überm Schwarzwald.	77
Davoser Elegie.	78
Im Spiegel.	79
An einen Freund, der wegen einer ungetreuen, eitlen, verschwenderischen Frau Klage führte.	80
Das Ende.	81
Es ist genug.	81
Heimkehr.	82
Ahasver.	84
Die Glocke.	84

Die Harfenjule.

Emsig dreht sich meine Spule, immer zur Musik bereit, denn ich bin die Harfenjule, schon seit meiner Kinderzeit.

Niemand schlägt wie ich die Saiten, niemand hat wie ich Gewalt. Selbst die wilden Tiere schreiten sanft wie Lämmer durch den Wald.

Und ich schlage meine Harfe, wo und wie es immer sei, zum Familienbedarfe, Kindstauf' oder Rauferei.

Reich mir einer eine Halbe oder einen Groschen nur, als des Sommers letzte Schwalbe schwebe ich durch die Natur.

Und so dreht sich meine Spule, tief vom Innersten bewegt, bis die alte Harfenjule einst im Himmel Harfe schlägt.

Deutsches Volkslied.

Es braust ein Ruf wie Donnerhall, dass ich so traurig bin. Und Friede, Friede überall, das kommt mir nicht aus dem Sinn.

Kaiser Rotbart im Kyffhäuser saß an der Wand entlang, an der Wand. Wer nie sein Brot mit Tränen aß, bist du, mein Bayernland!

Wer reitet so spät durch Nacht und Wind? Ich rate dir gut, mein Sohn! Urahne, Großmutter, Mutter und Kind vom Rossbachbataillon.

O selig, o selig, ein Kind noch zu sein, von der Wiege bis zur Bahr'! Mariechen saß auf einem Stein, sie kämmte ihr goldenes Haar.

Sie kämmt's mit goldnem Kamme, wie Zieten aus dem Busch. Sonne, du klagende Flamme: Husch! Husch.

Der liebe Gott geht durch den Wald, von der Etsch bis an den Belt, dass lustig es zum Himmel schallt: Fahr' wohl, du schöne Welt!

Der schnellste Reiter ist der Tod, mit Juppheidi und Juppheida. Stolz weht die Flagge schwarzweißrot. Hurra, Germania!

Der geistige Arbeiter in der Inflation.

Wer nur den lieben Gott lasst walten – Ich arbeite an einer Monographie über die römischen Laren. Am Tage liege ich im Bett, um Kohlen zu sparen. Ich werde ein Honorar von drei Mark erhalten. Drei Mark! Das schwellt meine Hühnerbrust wie ein Segel. Ein kleines Vermögen. Ich werde es in einem Taschentuch anlegen. Wie ich es früher trug und wie die reichen Leute es heute noch tragen. Um vorwärtszukommen, muss man eben mal leichtsinnig sein und was wagen.

Ein Jahr schon schnäuze ich mich in die Hände, nun führt der Allerbarmer noch alles zum guten Ende. Abends, wenn die Sterne und elektrischen Lichter erwachen, da besteige ich des Glückes goldnen Nachen.

Ich stehe am Anhalter Bahnhof. Ergebenster Diener! Ich biete Delikatessbockwurst feil und die ff. heißen Wiener. Manchmal hab' ich einen Reingewinn von einer halben Mark. Ich lege das Geld auf die hohe Kante. Ich spare für meinen Sarg.

Ein eigener Sarg, das ist mein Stolz aus Eschen- oder Eichenholz, aus deutscher Eiche. Das Vaterland reichte mir hilfreich stets die Vaterhand. Begrabt mich in deutschem Holz, in deutscher Erde, im deutschen Wald. Aber bald! Wie schläft sich's sanft, wie ruht sich's gut, erlöst von Schwindsucht und Skorbut. Herrgott im Himmel, erwache ich zu neuem Leben noch einmal auf Erden: Lass mich Devisenhändler, Diamantenschleifer oder Kanalreiniger werden!

Berliner Mittelstandsbegräbnis.

In einer Margarinekiste habe ich sie begraben. Ein Leihsarg war nicht mehr zu haben. Die Kosten für einen Begräbnisplatz konnt ich nicht erschwingen: Ich musste die Margarinekiste mit der teueren Entschlafenen auf einem Handwagen in die Laubenkolonie am schlesischen Bahnhof bringen.

Dort habe ich sie in stockfinsterer Nacht unter Kohlrüben zur ewigen Ruhe gebracht. Aber im Frühling werden aus der Erde Kohlrüben, die sie mit ihrem Leibe gedüngt, zum himmlischen Lichte sprießen, und der Hilfsweichensteller Kraschunke wird sie zum Nachtmahl genießen. Während sie noch in der Pfanne (in Margarineersatz) schmoren und braten, bemerkt Frau Kraschunke erfreut: »Die Kohlrüben sind dieses Jahr aber ungewöhnlich groß geraten ...«

In der Stadtbahn.

Ein feiles Mädchen, schön und aufgetakelt, ihr gegenüber, grün und unbemakelt, ein Jüngling, dessen Hände sanft behüten zwei Veilchensträußchen in den Seidendüten. Sie sieht ihn an. Er lächelt traurig blöde: Mein Gott, wie wird das heute wieder öde bei Tante Linchen, die Geburtstag feiert. –

Die Dame hat sich nunmehr ganz entschleiert. Da ist er hingerissen, starrt ein Weilchen, und reicht ihr wortlos alle seine Veilchen. Nun hat er nichts, für Tante kein Präsent ... Er wundert sich – das schöne Fräulein flennt: Und ihre blassen Tränen auf die blauen Märzveilchen wie Gelübde niedertauen.

Berliner in Italien.

Die ganze Welt ist voll von Berlinern. Deutschland, Deutschland überall in der Welt. Ich sah sie auf der Promenade in Nervi sich gegenseitig bedienern, und sie waren als Statisten beim Empfang des italienischen Königs in Mailand aufgestellt.

Da konnten sie einmal wieder aus vollem Herzen Hurra schreien. So 'n König, und sei er noch so klein, is doch janz was anderes als so 'ne mickrige Republik. In Bellagio wandeln sie unter Palmen und Zypressen zu zweien, und aus dem Grandhotel tönt (fabelhaft echt Italienisch; Pensionspreis täglich 200 Lire) die Jazzmusik.

Wie hübsch in Bologna die Jungens mit den schwarzen Mussolinhemden! Wie malerisch die Bettler am Kirchentor! Die und die Flöhe finden einen Fremden aus hunderttausend Eingebornen hervor.

In Genua am Hafen aus engen mit Wäsche verhangenen Gassen winken schwarzäugige Mädchen und sind bereit, gegen entsprechendes Honorar sich abzuschminken. O du fröhliche, o du selige Frühlingszeit.

Dagegen das Kolosseum, die ollen Klamotten, die verstaubten Geschichten, das haben wir zu Hause auf halb bebautem Gelände auch, nu jewiss. Den schiefen Turm von Pisa sollten sie mal jrade richten. Mussolini hat dazu den nötigen Schmiss.

Über diesem Lande schweben egal weg die Musen, man sehe sich die Brera und die Uffizien an. Die mageren Weiber von Botticelli kann ich nich verknusen, aber Rubens, des is mein Mann.

Wohin man sieht, spuckt einer oder verrichtet sonst eine Notdurft: es ist ein echt volkstümliches Treiben. Prächtig dies Monument Vittorio Emmanuels in Rom: goldbronziert und die Säulenhalle aus weißem Gips. Dafür kann mir das ganze Forum jestohlen bleiben. Ich bin modern. A proposito: Haben Sie für Karlshorst sichere Tipps?

Die Ballade von den Hofsängern.

Wir ziehen dahin von Hof zu Hof. Arbeiten? Mensch, wir sind doch nicht doof. Wir singen nicht schön, aber wir singen laut, dass das Eis in den Dienstmädchenherzen taut. Jawoll.

Wir haben nur lausige Fetzen an, damit unser Elend man sehen kann. Der hat keine Jacke und der kein Hemd, und dem sind Stiefel und Strümpfe fremd. Jawoll.

Wir kriegen Kleider und Stullen viel, die verkaufen wir abends im Asyl. Ein Schneider lud mitleidig uns zu sich ein, da schlugen wir ihm den Schädel ein. Jawoll.

Wir singen das Lied vom guten Mond und sind katholisch, wenn es sich lohnt, auch singen wir völkisch voll und ganz für'n Sechser Heil dir im Siegerkranz. Jawoll.

Unger, Böger, Ransick, so heißen wir. Auf die Gerechtigkeit sch... wir. Mal muss ja ein jeder in die Gruft und wir, wir baumeln mal in der Luft. Jawoll.

Baumblüte in Werder.

Tante Klara ist schon um ein Uhr mittags besinnungslos betrunken. Ihr Satinkleid ist geplatzt. Sie sitzt im märkischen Sand und schluchzt. Der Johannisbeerwein hat's in sich. Alles jubelt und juchzt und schwankt wie auf der Havel die weißen Dschunken.

Waldteufel knarren, und Mädchenaugen glühn. Mutta, Mutta, kiek ma die Boomblüte. Ach du liebe Güte.– Die Blüten sind alle erfroren. Ein einsamer Kirschbaum versucht zu blüh'n.

Eisige Winde weh 'n. In den Kuten balgt und sielt sich ein Kinderhaufen. Der Lenz ist da: ertönt es von Seele zu Seele. Ein schön melierter Herr berappt für seine Tele, die ein Kinderbein für ein Britzer Knoblinchen hielt.

Vater spielt auf der Bismarckhöhe mit sich selber Skat und haut alle Trümpfe auf den Tisch, unbeirrt um das Wogen und Treiben der Menge. Braut und Bräutigam verlieren sich im Gedränge, ach, wie mancher erwacht am nächsten Morgen mit einer ihm bis dato unbekannten Braut.

Mutter Natur, wie groß ist deiner Erfindungen Pracht! Vor lauter Staub sieht man die Erde nicht. Tief geladen, mit Klumpen von Menschen beladen, sticht ein Haveldampfer in See. Schon dämmert es. Über den Föhren erscheint die sternklare, himmlische, die schweigsame Nacht.

Grabinschriften.

Der Pferdedieb.

Hier ruht der ehrenwerte General Don Ferdinando D'Or. (Er bekleidete nämlich diese Charge im Staate Ecuador.) Seine Brust war bedeckt mit Ehrenzeichen und Symbolen. (Die er auf zahlreichen Fahrten sich zusammengestohlen.) Erschüttert steht ganz Ecuador an seiner Bahre. Er starb glorreich im dreiundfünfzigsten Jahre. In offener Feldschlacht (infolge eines Rückenschusses) musst' er ins Jenseits wandern, (weil er sein eigenes Pferd verwechselte mit einem andern.)

Pierrot.

Hier ruht Pierrot, der leichte Schwerenöter. Ach, er ist tot! Der Himmel, böt er auch alles auf, ihn wiederzuerwecken: Er bliebe doch bei *einem* Herzen stecken. Doch weit in *tausend* Frauenherzen verstreute Pierrot sein Leben. Es hat in seiner Brust tausend Herzen gegeben. Und ob auch manche Frau ihr Herz als Sühne bot: Pierrot ist tot, ganz tot, er ist entsetzlich tot.

Die Jungfrau.

Hier ruht die Jungfrau Emma Puck aus Hinterstallupeinen, eine Mutter hatte sie eine, einen Vater hatte sie keinen. In Unschuld erwuchs sie auf dem Land wie eine Lilie. Da kam sie in die Stadt zu einer Rechnungsratsfamilie. Hier hat sich erst ihr wahres Herz gezeigt, indem sie gar nicht mehr zur Jungfrau hingeneigt. Bald kam das erste Kind. Was half da alles Greinen! Männer hatte sie viel, aber einen Mann hatte sie keinen.

Zu Amsterdam.

Zu Amsterdam bin ich geboren, meine Mutter war ein Mädchen ums Geld. Mein Vater hat ihr die Ehe geschworen, war aber weit gefehlt.

In einer dunklen Gasse sah ich zum ersten Mal das Sonnenlicht. Ich wollte es mit meinen Händen fassen, und konnt' es aber nicht.

Ein junger Mann kam eines Tages und küsste mich und rief mich seinen Schatz. Sie legten bald ihn in den Schragen, ein anderer nahm seinen Platz.

Wir sind im Frühling durch den Wald gegangen und sahen Hirsch und Reh. Die Bäume blühten und die Vögel sangen, vierblättrig stand der Klee.

Ein jeder hat mir Treu' in Ewigkeit geschworen, war aber weit gefehlt. Zu Amsterdam hab' ich mein' Ehr' verloren, ich bin ein Mädchen um's Geld.

Die Wirtschafterin.

Drei Wochen hinter Pfingsten, da traf ich einen Mann, der nahm mich ohne den geringsten Einwand als Wirtschafterin an.

Ich hab' ihm die Suppe versalzen und auch die Sommerzeit, er nannte mich süße Puppe und strich mir ums Unterkleid.

Ich hab' ihm silberne Löffel gestohlen und auch Bargeld nebenbei. Ich heizte ihm statt mit Kohlen mit leeren Versprechungen ein.

Ich habe ihn angesch… so kurz wie lang, so hoch wie breit. Er hat mich hinausgeschmissen; es war eine wundervolle Zeit …

Drei wilde Gänse –

(*Volkslied*)

Drei wilde Gänse, die flogen über See. Da schoss der Jäger alle drei, und was einmal ins Wasser fiel, kommt nimmer in die Höh'.

Drei junge Mädels, die führte ein Kavalier aus, und wenn erst ein Mädel mal Sekt genascht, Liebe genascht, Hiebe genascht – die kommt nicht mehr nach Haus.

Und ich pfeife auf meine Jungfernschaft, und ich pfeife auf mein Leben. Der Kerl, der sie mir genommen hat, um eins und um zwei und um drei bei der Nacht, der kann sie mir nimmer geben.

Geh, schenk mir doch 'n Fuffzger, geh, schenk mir doch 'ne Mark. Ich will mich mit Schnaps besaufen, ich will mir eine Villa kaufen oder einen Sarg ...

In Lichterfelde Ost.

Ich hab' einmal ein Mädel gehabt in Lichterfelde Ost. Das war wie Frau Venus selber begabt. Sie hat mich mit Lust und Liebe gelabt in Lichterfelde Ost.

Sie hatte das schönste schlankeste Bein in Lichterfelde Ost. Und wollt' ich besonders zärtlich sein, so schlug ich ihr eins in die Fresse hinein in Lichterfelde Ost.

Da kam ein feiner Kavalier in Lichterfelde Ost. Sie wurde sein Glück, sein Stück, sein Tier, sie sank mit ihm und er mit ihr in Lichterfelde Ost.

Man brachte sie in das Krankenhaus in Lichterfelde Ost. Und als sie nach Monaten kam heraus: Sie sah wie der Tod von Basel aus in Lichterfelde Ost.

Jetzt bietet Papierblumen sie feil – noch knapp in Lichterfelde Ost. Zuweilen kauf' ich ihr welche ab. Die leg' ich ihr übers Jahr aufs Grab in Lichterfelde Ost.

Im Obdachlosenasyl.

Ich war 'n junges Ding, man immer frisch und flink, da kam von Borsig einer, der hatte Zaster und Grips. So hübsch wie er war keiner mit seinem roten Schlips. Er kaufte mir 'nen neuen Hut, wer weiß, wie Liebe tut. Berlin, o wie süß, ist dein Paradies. Unsere Vaterstadt schneidige Mädchen hat. Schwamm drüber. Tralala.

Ich immer mit'n mit. Da ging der Kerl verschütt. Als ich im Achten schwanger, des Nachts bei Wind und Sturm, schleppt ich mich auf'n Anger, vergrub das arme Wurm. Es schrie mein Herz, es brannte mein Blut, wer weiß, wie Liebe tut. Berlin, o wie süß ist dein Paradies, unsere Vaterstadt schneidige Mädchen hat, Schwamm drüber. Tralala.

Jetzt schieb ich auf'n Strich. Ich hab'nen Ludewich. In einem grünen Wagen des Nachts um halber zwee, da ha'm sie mich gefahren in die Charité. Verwest mein Herz, verfault mein Blut, wer weiß, wie Liebe tut. Berlin, o wie süß ist dein Paradies. Unsere Vaterstadt schneidige Mädchen hat, Schwamm drüber. Tralala.

Krank bin ich allemal. Es ist mir allens ejal. Der Weinstock, der trägt Reben und kommt 'n junger Mann, ich schenk' ihm was für's Leben, dass er an mich denken kann. Quecksilber und Absud, wer weiß, wie Liebe tut. Berlin, o wie süß ist dein Paradies. Unsere Vaterstadt schneidige Mädchen hat. Schwamm drüber. Tralala.

Er hat als Jöhre.

Er hat als Jöhr von fuffzehn Jahren mir einst am Wedding uffjetan. Wir sind nach Köpenick jefahren und sahen die Natur uns an. Ick zog mir aus die rote Jacke. Er hat für mich det Bier berappt, doch nach neun Monaten, au Backe, es hat jeschnappt, es hat jeschnappt.

Mein Emil is ne kesse Nummer, er hat schon manchen abgekehlt, doch fürcht' er sich vor jedem Brummer, so jut is er, so zart beseelt. Mir is weiß Gott schon allens piepe, ick lag bei ihm im Bett – da trappt es uff der Treppe ... der Polype ... es hat jeschnappt, es hat geschnappt ...

Im Hof der ollen Zuchthausschenke steht blutbespritzt ein Podium, der dove Pastor macht Menkenke, man sieht sich noch im Kreise um. Im Mauereck blüht blauer Flieder, die Zunge klebt wie angepappt, da saust des Henkers Beil hernieder, es hat jeschnappt, es hat geschnappt ...

Ich baumle mit de Beene.

Meine Mutter liegt im Bette, denn sie kriegt das dritte Kind; meine Schwester geht zur Mette, weil wir so katholisch sind. Manchmal troppt mir eine Träne und im Herzen puppert's schwer; und ich baumle mit de Beene, mit de Beene vor mich her.

Neulich kommt ein Herr gegangen mit 'nem violetten Shawl, und er hat sich eingehangen, und es ging nach Jeschkental! Sonntag war's. Er grinste: »Kleene, wa, dein Portemonnaie is leer?« und ich baumle mit de Beene, mit de Beene vor mich her.

Vater sitzt zum 'zigsten Male, wegen »Hm« in Plötzensee, und sein Schatz, der schimpft sich Male, und der Mutter tut's so weh! Ja so gut wie der hat's keener. Fressen kriegt er und noch mehr, und er baumelt mit de Beene, mit de Beene vor sich her.

Manchmal in den Vollmondnächten is mir gar so wunderlich: ob sie meinen Emil brächten, weil er auf dem Striche strich! Früh um dreie krähten Hähne, und ein Galgen ragt, und er ..., und er baumelt mit de Beene, mit de Beene vor sich her.

Meier.

Ein junger Mann mit Namen Meier lief täglich vor ihr auf und ab. Er gab ihr fünfundzwanzig Dreier, dass sie ihm ihre Liebe gab.

Sie zählte sehr besorgt die Pfennige und legte sie in einen Schrank. Allein es schienen ihr zu wenige, sie wünschte etwas Silber mang.

Er dachte an die Ladenkasse. Und eines Tages ward bekannt, dass Rosa sich betreffs befasse, doch Meier sich in Haft befand.

So geht es in der Welt zuweilen: Der Erste muss die Klinke zieh'n – der Zweite soll sich nur beeilen, das Fräulein wartet schon auf ihn.

Berliner Ballade.

Sie hing wie eine Latte vom Schranke steif und stumm. Am Morgen sah's ihr Gatte, lief nach dem Polizeipräsidium.

»Meine Frau«, so schrie er, »ist verschieden …« Doch der Polizeiwachtmeister Schmidt, rollte blutig seine Augen: »Wie denn, ha 'm Sie den Jeburtsschein mit?«

Dieses hatte er mitnichten, und er setzte sich in Trab, spät entsann er sich der ehelichen Pflichten, – schnitt sie ab.

Und er legt den Strick an *seine* Kehle, vor dem Spiegel, peinlich und honett. Nimmt noch einen Schluck, befiehlt Gott seine Seele. – schwapp, schon baumelt er am Ehebett.

Liebeslied.

Hui über drei Oktaven Glissando unsre Lust. Lass mich noch einmal schlafen an deiner Brust.

Fern schleicht der Morgen sachte, kein Hahn, kein Köter kläfft. Du brauchst doch erst um achte ins Geschäft.

Lass die Matratze knarren! Nach hinten schläft der Wirt. Wie deine Augen starren! Dein Atem girrt!

Um deine Stirn der Morgen flicht einen bleichen Kranz. Du ruhst in ihm geborgen als eine Heilige und Jungfrau ganz.

Trinklied.

Ich sitze mit steifer Geste wie ein Assessor beim Feste. Mein Herz schlägt hinter der Weste, was weiß ich. Hielte der Kragen nicht meinen Schädel, er rollte in deinen Schoß, Mädel, und tränke Tokayer dort edel, was weiß ich.

In mir wogt Näh und Ferne. Prost, goldne Brüder, ihr Sterne! Die Schenkin aus der Taverne, was weiß ich, bringt einen vollen Humpen. Nun sauft, ihr gottvollen Lumpen, und qualmt mit euren Stumpen, was weiß ich.

Ich streichle mit weinfeuchter Tatze dein zartes Fellchen, Katze, schon springt ein Knopf am Latze, was weiß ich. Wir wollen das Fest verlassen und im Mondschein der alten Gassen uns pressen und Liebe prassen, was weiß ich.

Es sind so viele gegangen, die einst an mir gehangen, sie soffen mit mir und sangen, was weiß ich. Und komm ich einst zu sterben, soll eins mir nicht verderben, du sollst das eine mir erben, das weiß ich.

Bürgerliches Weihnachtsidyll.

Was bringt der Weihnachtsmann Emilien? Ein Strauß von Rosmarin und Lilien. Sie geht so fleißig auf den Strich.
O Tochter Zions, freue dich!

Doch sieh, was wird sie bleich wie Flieder? Vom Himmel hoch, da komm ich nieder. Die Mutter wandelt wie im Traum.
O Tannebaum! O Tannebaum!

O Kind, was hast du da gemacht? Stille Nacht, heilige Nacht. Leis hat sie ihr ins Ohr gesungen: Mama, es ist ein Reis entsprungen! Papa haut ihr die Fresse breit. O du selige Weihnachtszeit!

Die heiligen drei Könige.

(*Bettelsingen*)

Wir sind die drei Weisen aus dem Morgenland, die Sonne, die hat uns so schwarz gebrannt. Unsere Haut ist schwarz, unsere Seel' ist klar, doch unser Hemd ist besch… ganz und gar. Kyrieleis.

Der Erste, der trägt eine lederne Hos', der Zweite ist gar am A … bloß, der Dritte hat einen spitzigen Hut, auf dem ein Stern sich drehen tut. Kyrieleis.

Der erste, der hat den Kopf voll Grind, der zweite ist ein unehlich' Kind. Der dritte nicht Vater, nicht Mutter preist, ihn zeugte höchstselbst der heilige Geist. Kyrieleis.

Der erste hat einen Pfennig gespart, der zweite hat Läuse in seinem Bart, der dritte hat noch weniger als nichts, er steht im Strahl des göttlichen Lichts. Kyrieleis.

Wir sind die heiligen drei Könige, wir haben Wünsche nicht wenige. Den ersten hungert, den zweiten dürst', der dritte wünscht sich gebratene Würst. Kyrieleis.

Ach, schenkt den armen drei Königen was. Ein Schöpflöffel aus dem Heringsfass – verschimmelt Brot, verfaulter Fisch, da setzen sie sich noch fröhlich zu Tisch. Kyrieleis.

Wir singen einen süßen Gesang den Weibern auf der Ofenbank. Wir lassen an einem jeglichen Ort einen kleinen heiligen König zum Andenken dort. Kyrieleis.

Wir geben euch unseren Segen drein, gemischt aus Kuhdreck und Rosmarin. Wir danken für Schnaps, wir danken für Bier. Anders Jahr um die Zeit sind wir wieder hier. Kyrieleis.

Bauz.

Bauz schwingt zierlich den Zylinder, Bauz entstellt sich hiermit vor. Bauz hat 45 Kinder und nen Bruch im Wasserrohr.

Bauz ist ohne alle Frage. Bauz ist geradezu direkt, Bauz macht jede Nacht zum Tage, Bauz hat einen Schlauchdefekt.

Bauz ist jeder Krone Gipfel, Bauz ist jedes Ärmels Loch, Bauz ist auf dem I das Tipfel, Bauz kroch, wo noch keiner kroch.

Bauz ist wiederum hingegen, Bauz ist zwecks zu dem behuf, Bauz ist andernteils deswegen, Bauz ist ohne Widerruf!

Schwindsüchtige.

Sie müssen ruh'n und ruh'n und wieder ruh'n, teils auf den patentierten Liegestühlen sieht man in Wolle sie und Wut sich wühlen, teils haben sie im Bette Kur zu tun.

Nur mittags hocken krötig sie bei Tisch und schlingen Speisen: fett und süß und zahlreich. Auf einmal klingt ein Frauenlachen, qualreich, wie eine Äolsharfe zauberisch.

Vielleicht, dass einer dann zum Gehn sich wendet, – er ist am nächsten Tage nicht mehr da – und seine Stumpfheit mit dem Browning endet …

Ein andrer macht sich dick und rund und rot. Die Ärzte wiehern stolz: Halleluja! Er ward gesund! (und ward ein Halbidiot …)

Der Seiltänzer.

Er geht. Die schräge Stange trägt ihn linde. Der Himmel schlägt um ihn ein Feuerrad. Ein Lächeln fällt von einem mageren Kinde, und an dem Lächeln wird die Mutter satt.

Ein jeder fühlt sich über sich erhaben und tänzelt glücklich auf gespanntem Seil. Die Menschen wimmeln braun wie Küchenschaben, und sind dem Blick der Höhe wehrlos feil.

Dort unten hockt in schmutzigen Galoschen das Niedere und Gemeine, und es hebt die Stirn zur Höhe für zwei povre Groschen, an denen feucht der Schweiß des Werktags klebt.

Mystik.

Ich gehe langsam durch die Stadt zum Ein- bis Zweifamilienbad. Schon hebt sich aus der weißen Flut ein brauner Bauch, der trübe tut. Der Bauch tut nichts. Je nun: ich weiß: die andre Seite ist der Steiß. Ein jedes erntet hier sein Heil vom Gegen-Teil. Im Gegen-Teil.

Philosophie.

Ein Philosoph schlug einen Kreis. Wer weiß, was er damit bedachte.

Und siehe da – wie hingeschnellt hat sich ein zweiter zugesellt. Da war es eine Achte.

So geht's den Philosophen meist, dass sie zwei nackte Nullen dreist zu einer Acht erheben.

Doch sehn sie das Exempel ein? Nein! Wo bliebe sonst ihr Leben?

Spaziergang.

Über uns will es sich in den Zweigen regen, und ein hübscher Vogel macht sich plüsternd breit. Wird er jetzt wohl Eier legen oder was ist seine Tätigkeit?

Plötzlich hat's auf der erhobenen Stirne irgendwie und irgendwo gekleckst, und von einem Stoff, der – hm – in keines Menschen Hirne, sondern (vorher) auf den Feldern wächst.

Was das eines Geistes mahnend ernste Stimme? Oder war's ein leises Scherzo nur? Zwiegeteilt in bodenlosem Grimme flieht man die ungastliche Natur.

Und man fragt sich, während man so wandelt: Ist denn das gerecht, dass die Kreatur derartig unanständig handelt, wenn verehren man und preisen möcht'?

Melancholie.

Schau, den Finger in der Nase, oder an der Stirn, zeitigt manche fette Phrase das geölte Hirn.

Warum liebt der die Erotik? Jener die Zigarr'n? Der die Äropilotik? Der den Kaiserschmarrn?

Warum geht's uns meistens dreckig? Weshalb schreib ich dies Gedicht? Warum ist das Zebra fleckig und Mariechen nicht?

Dennoch ahnt man irgendwie Gottes Qualverwandtschaft, trifft man unerwartet sie draußen in der Landschaft.

Ad notam.

Nachts bis drei Uhr im Café wichtig tun und dösen, wenn ich eure Fratzen seh', wünsch ich mir den Bösen.

Und ihr schnüffelt und ihr grunzt mit gefurchten Mienen über eure Pseudokunst, die der Mond beschienen.

Doch die Kunst lebt nur besonnt, lässt sich nicht beriechen, und sie zeigt die Hinterfront dem Melangeniechen.

Arbeit, Arbeit, still gewagt, die Moral vom Liede, wenn sie euch auch nicht behagt: Songez au solide!

Der Verzweifelte.

1

Noch nie hat mir der Herbst so weh getan, dass ich mich ohne Freundin blass begnüge. Am Bahnhof steh' ich oft und seh' die Züge einlaufen nach des Kursbuch's rotem Plan.

Hier kommt ein Zug um fünf und dort um sechs. Der aus Polzin. Und der aus Samarkand. So oft ich mich an eine Frau gewandt, entfloh sie mit dem Zeichen höchsten Schrecks.

Man wundert sich, dass ich so kopflos bin und dass ich ohne Beine gehen kann, und dass ich ohne Männlichkeit ein Mann, und dass ich ohne Sinnlichkeit ein Sinn.

2

Mich liebt kein Mensch. Ich sitze hier beim Tee. Es schmerzt das Herz, die Niere tut mir weh. Die Mädchen, welche mich geschminkt begrüßen, sie sind mit großer Vorsicht zu genießen.

Sie stellen mit des Abenteurers Buntheit Anforderung an unsre Gesundheit. Die ist mir heilig. Etwas andres nicht. Kein Mensch, kein Tier, kein Stern und kein Gedicht.

Wenn ich hier Verse reimend niederschreibe, geschieht es nur zu meinem Zeitvertreibe. Man glaube nicht an Absicht oder Zweck. Ich bin ein hirnlich infizierter Dreck.

Der fiel von einem Pferd, das fern enttrabt. Ich werde weder gern noch sonst gehabt. Man sieht durch mich hindurch. Man geht an mir vorbei. Und niemand hört des Stummen Klageschrei.

Unglücksfall.

Es stehen vor dem Hebekran ein kleines Kind, ein Hund, ein Mann. Die Eisenkette rollt und rinnt, es staunen Mann und Hund und Kind. Da saust sie nieder auf den Grund, zerschmettert Mann und Kind und Hund. Gemäßigt naht die Polizei, ein Chemiker ist auch dabei, bis er den Totbestand befund: Ein kleines Kind, ein Mann, ein Hund.

Der kleine Mörder.

Er wusste nicht, warum er so elend war und warum der Himmel an jenem Abend so schwelend war. Sein Schädeldeckel war aufgeklappt und Fliegen setzten sich auf sein rosiges Hirn und leckten daran. Göttliche Gedanken schienen ihn zu durchirr'n. Wenn er das Messer nähme und sich die große Zehe abschnitt? Oder ginge er lieber auf den Abtritt und spielte mit sich, über den Abfluss geneigt? – da hat sich seine kleine Schwester in der Küche gezeigt. Er hob ihr den Rock hoch und stieß ihr die große Kelle in den Schoß, dass sie schrie. Ihn trug die Welle des Abendrotes durch die Wolken hin. Er sah nichts mehr. Er fühlte nichts mehr. Ihn trieb die rote Flut, das rote Meer zu einem uferlosen Ziel. Er fiel lächelnd über die kleine Leiche hin.

Der Backfisch.

1

Papa ist heute furchtbar aufgeschwemmt. Er blinzelt müde in die Morgenzeitung. Mama im Morgenrock und ungekämmt, befasst sich mit des Kaffees Zubereitung.

Dann spricht sie: Anton! Komm! Es wird bald Zeit! Du darfst mir das Büro nicht noch versäumen! – Ich sitz am Tisch in meinem Rosakleid und will den ganzen Tag in Rosa träumen.

2

Sie sagen in der ersten Mädchenklasse manchmal unanständige Sachen. Ob Maria sich damit befasse? Der Primaner Hubert hat doch Rasse. Und sie lachen.

Und wir heben unsere Kleider, zeigen unsre hübschen Beine. Manche möchte mit nervösen Fingern sich zum Scherz ihr Mieder lösen … Und ich weine …

Tango.

Tango tönt durch Nacht und Flieder. Ist's im Kurhaus die Kapelle? Doch es springt mir in die Glieder, und ich dreh' mich schnell und schnelle.

Tango – alle Muskeln spannt er. Urwald und Lianentriebe, Jagd und Kampf – und wie ein Panther schleich ich durch die Nacht nach Liebe.

Das Wassermädel.

Ich liebe ein Wassermädel vom Café Arkadia, bin siebzehn Jahr' und erstes Semester in München. Ich kann mein Herz nicht mit Erfahrungen übertünchen, wenn ich den Frauen unter die Hüte sah. Und immer, wenn sich eine mir freundlich zugewandt: ein Kind vor dem Christbaum oder vor den Glaskugeln im Parke stand. Oder ich sah blaue Pferde, erstaunlichstes Getier. Eine Stute mit schlanken Fohlen sprang spielerisch zu mir. Und als das Wassermädel schlief bei mir zur Nacht – war sie Jungfrau? Oder hatte sie sich zur Jungfrau gemacht? Sie war mir wie ein Lächeln im Dunkel zugetan … weißes Segelboot … Südwind wehte um unsere Rahn … die ewige Föhrde lag im Morgenscheine da … Ich liebe ein Wassermädel vom Café Arkadia.

Münchner Sonette.

I. Frühschoppen im Hofbräuhause.

Hier steht ein Fass – und an das Fass geschweißt, dem Fasse ähnlich, dick und rund gerollt: Ein k. b. Rat ... ein Dienstmann ... und ein Bold, der sich (mit Gamsbart) als ein Preuß' erweist.

Derselbe überzeugt durch Witz und Geist, wenn er den Maßkrug im Komment erhebt und sich im boar'schen Dialekt bestrebt und seinen Radi samt dem Grünzeug speist.

Ein blütenzartbestaubter Lindenbaum steht zag im Duft von Bier und Rauch und Schweiß. Ihn zieren keines Vogels holde Nester ...

Ein schönes Mädchen, ganz in Blond und Weiß, geht wie verlassen durch den grauen Raum. Da sagt sie zu der schönen Linde: Schwester ...

II. Auf der Auer Dult.

Hier ist viel Kram und Tand und Traum geschichtet ... ein alter Stich, von Staub und Rost befleckt: Prometheus, wie er seine Fackel reckt, hier Dante, wie er die Comedia dichtet.

Vor einer Süßigkeitenbude schleckt ein kleines Mädel für ein Zehnerl Süßes. Sie hebt den Kinderblick. O sprich und grüß es, eh' ihre Seele sich mit Rost befleckt ...

Lass sie um zwanzig Jahre älter sein ... dann hat hier auf der Dult sie ihren Stand: Feilhält sie ihres Lebens Lug und Tand – und es wird eine kleine Welt her sein, dass du sie dunkel einst erröten machtest, weil ihrem Kinderlächeln du entgegenlachtest ...

Montreux.

Hier sieht die Landschaft man nicht vor Hotels. Es riecht nach Beefsteak und nach faulen Eiern. Schloss Chillon steht betrübt auf einem Fels und ist berühmt durch Dichtungen von Byron.

Der Tag beginnt mit einem fetten Lunch, dann schiebt zum Liegestuhl man sacht den vollen geliebten Bauch. Und Wesen, die sich Mensch (mit Unrecht) nennen, hügelabwärts rollen.

Wer unter hundert Franken Rente hat, (pro Tag), der ist ein wüster Proletarier. Man frisst an Hummer sich und Kaviar satt und ist kein Kassenhass von Jud' und Arier.

In tausend Meter Höhe erst ist Luft, dort findet man zwei ärmliche Narzissen. Sie wachsen einer Jungfrau aus der Gruft und sind versehentlich nicht ausgerissen.

Theater.

Wir heben unsre Beine wie an Schnüren, und unsre Herzen sind Papiermaché. Woran wir auch mit unsren Worten rühren: Sei's Lust, sei's Weh: Gott wird uns schon das richtige Wort soufflieren. Pass nur auf deinen Stich – denn im Parkett, da sitzt der Teufel, und ohne Zweifel, er amüsiert sich königlich …

Der Romanschriftsteller.

Graugelb ist sein Gesicht. Die Nase / steigt klippenspitz empor. Die Augen liegen fleckig / misstrauisch von den Wimpern tief beschattet, / geduckt zum Sprung wie Panther in der Höhlung. / Der rechte Arm mit der Zigarre steht / steif wie ein Schwert, als wolle er damit / sich von den andern sondern, die ihm widerwärtig / und dennoch so sympathisch sind. / Schlägt er die Asche ab, / so fällt wie Hohn sie aufs Gespräch. / Ein kurzes »Ja«, ein scharfes »Nein« / wirft er zuweilen in die Unterhaltung. / Mit diesem spitzen »Ja« und »Nein« / spießt er die Leute wie auf Nadeln auf / und nimmt sie mit nach Hause / für seine Käfersammlung. / - - - Schlägt man das nächste Buch des Dichters auf. / O Gott! Schon ist man selber drin verzeichnet / und wer sich in gerechter Selbsterkenntnis / für ein libellenähnlich' Wesen hielt, / der findet sich erstaunt als Mistbock wieder.

Der Lehrer.

Meist war er klein und kroch am Boden hin wie eine Küchenschabe braun und eklig. Er stak in abgeschabten Loden drin und stank nach Fusel und nach Schweiß unsäglich.

Doch manchmal wuchs er riesig in das Licht, wuchs übern Kirchturm, schattete die Erde. Am Himmel brannte groß sein Angesicht, damit die Schöpfung seines Glanzes werde.

Er schlug das Aug' auf wie das Testament (mich graust, wenn ich dran denk'), pfiff wie im Rohr die Dommeln, ließ donnern, blitzte, hob die Sonnenfaust und ließ sie furchtbar auf uns niedertrommeln.

An die Natur.

(*Gedicht des Lehrers.*)

Natur! Natur! Du Götterwelt! Wie bist du prächtig aufgestellt mit Bergen groß und Tälern klein, es hat wohl müssen also sein.

Und mittendrin in der Natur dehnt sich die grüne Wiesenflur, im Winter ist sie weiß beschneit, so hat ein Jedes seine Zeit.

Auch du, auch du, o Menschenkind, bedenke, wie die Zeit verrinnt. Heut rauscht sie mächtig noch daher und morgen sieht man sie nicht mehr.

Frisch auf, frisch auf, mit Hörnerklang durch das verschneite Tal entlang, die Glöckchen klingeln am Geläut: Gestern war gestern, morgen wird morgen sein, heute ist heut.

Winterschlaf.

Indem man sich nunmehr zum Winter wendet, hat es der Dichter schwer, der Sommer ist geendet, und eine Blume wächst nicht mehr.

Was soll man da besingen? Die meisten Requisiten sind vereist. Man muss schon in die eigene Seele dringen – jedoch, da hapert's meist.

Man sitzt besorgt auf seinen Hintern, man sinnt und sitzt sich seine Hose durch, – da hilft das eben nichts, da muss man eben überwintern wie Frosch und Lurch.

Nach der Schlacht an der englischen Front.

Die Totengräber haben schon die Schaufeln angesetzt, da naht sich holpernd ein Viererzug, und ihm entsteigen stolpernd die Reisenden der Firma Cook and Son.

Eifrig und ernst begibt man sich ans Sammeln leerer Patronenhülsen oder -taschen. Indem die steifen Missis Kognakbohnen naschen, hört man Verwundete nach Wasser stammeln.

Ein toter Belgier … Man hätte beinah was verpasst … ein Fußballspieler schätzt den grünen Rasen. Ein leiser Knall … Trompetenblasen … und ein ergrauter Lord erblasst.

Pogrom.

Am Sonntag fällt ein kleines Wort im Dom, am Montag rollt es wachsend durch die Gasse, am Dienstag spricht man schon vom Rassenhasse, am Mittwoch rauscht und raschelt es: Pogrom!

Am Donnerstag weiß man es ganz bestimmt: Die Juden sind an Russlands Elend schuldig! Wir waren nur bis dato zu geduldig. (Worauf man einige Schlucke Wodka nimmt …)

Der Freitag bringt die rituelle Leiche, man stößt den Juden Flüche in die Rippen mit festen Messern, dass sie rückwärts kippen. Die Frauen wirft man in diverse Teiche.

Am Samstag liest man in der »guten« Presse: Die kleine Rauferei sei schon behoben, man müsse Gott und die Regierung loben … (denn andernfalls kriegt man eins in die Fresse.)

Der neue Rattenfänger.

Und Väterchen befiehlt den weißen Schimmel und ruft sein Heer. Es schreiten Popen mit Gebimmel vor seinem Heiligenbildnis her.

Es flammt sein Blick in Fieberröten vor Furcht und Qual und Hohn. Er bläst auf zwei geborstnen Flöten den alten Panslawistenton.

Er lockt sein Volk zum Berg der Millionen Knochen, sein Kopf bebt wie ein Schädel aus dem Pelz. Am Boden zucken abertausend Mutterherzen gramzerbrochen, ein Fluss von Kindertränen rauscht vom Fels.

Es schlingen dürre Arme sich wie Algen um Nacken ihm und Rumpf, und riesenhaft entsteigt ein Galgen dem Sumpf.

Russische Revolution.

Sind arm. Sind arm. Kommen von weit her. Aus Wologda. Aus Tomsk. Aus tausend Orten. die keinen Namen haben. Willst du an Gott glauben? Glaube an uns! Willst du fröhlich sein? Sieh uns lächeln! Wir tragen in unseren rissigen Bauern – Arbeiterfäusten wie eine Vase aus dem Petersburger exotischen Museum die Zukunft.

Freundchen, was soll das? Einmal müssen wir doch alle sterben. Reg dich nicht auf. Eine Kugel im Kopf ist immer noch besser als ein Loch in der Hose. Wenn du mir hundert Kerenskirubel gibst, lass ich deine Leiche an der Mauer für deine Braut photographieren. Was meinst du?

Russland ist groß. Russland ist groß. Die Sonne hängt hoch – gottverdammt – wer hat sie so hoch gehängt? General Wrangel hat sie an den Galgen gebracht.

Jeden Morgen begegne ich dem großen General. Er steht am Newski Prospekt und verkauft die Prawda. So hat er einmal uns alle verkauft: An seine Auftraggeber. General, Weißbart, Weißgardist: Deine Arbeit ist keine Schande. Und du verdienst *mehr*, als du verdienst.

Wenn du Lenin sprichst, blühen die Zahlen wie Blumen, er hat eine Stierstirn, er rennt Wände ein, solche aus Papiermaché, solche aus Zeitungsballen, die dicksten Lügen der Welt, solche aus Steinquadern. Seine Stirn ist ein Hammer. Die Splitter stieben.

Manchmal in einsamen Nächten, wenn ein Schuss tönt, wenn der Gebärschrei einer Frau die dunklen Straßen zerreißt: Weine ich über mich, über mein Vaterland, die Welt.

Im Anfang war das Wort, das Wort war der Anfang. Nunmehr heißt es: fortschreiten. Weitergehen! Nicht stehen bleiben! Circulez! Wie die Clowns im Zirkus, so rufe ich euch zu: Commencez! Travaillez! In dem Willen liegt die Tat. Sie sei groß! So wird am Ende wieder das Wort sein, das große Wort, das sie beschreibt.

Darauf kommt es an: sich im kleinen Kreis seines Lebens so zu bewegen, planetarisch zu bewegen, dass man in der sphärischen Ellipse läuft, wie die Erde um die Sonne, der Mond um die Erde. Darauf kommt es an: dass Sinn und Sein, Wort und Werk, Tat und Traum unauflöslich unentkettbar eins sind.

Die Karsavina vom russischen Ballett tanzt.

Ach, wenn ich Engelszungen hätt'! Der Zar ist tot. Es lebe sein Ballett!

Ich gäbe meiner Jahre zehn, hätt' ich die Pawlowa geseh'n. (Nijinski sprach ich in der Schweiz: Er war ein wenig blöd bereits und doch von stark barockem Reiz.)

Die Karsavina tanzt den Walzer von Chopin: Glaube, liebe, hoff'! Verzweifelt hing ihr oft am Hals er, der Partner namens Gawriloff.

Die Karsavina war wie Schwäne auf schwarzen Weihern manchmal sind. Sie stieg wie Anadyomene aus Schaum und Wolken, Licht und Wind.

Sie schwebte wie ein goldner Vogel hoch über Busch und Baum und Kogel. Man sah im Himmel sie vergeh'n: So hoch, so fern, ein blasser Stern ... (Auf Wiederseh'n! Auf Wiederseh'n!)

Ich hielt mich fest an meiner Lehne, sie floh, um auch sich selbst zu flieh'n. Und mir ins Lid stieg eine Träne, und die war nicht von Glycerin.

Wer irdisch nur, kann also schweben, so lächeln nur, wer viel erlitt. Komm wieder, du geliebtes Leben, und bring' den andern Partner mit!

Lied der Zeitfreiwilligen.

Ich bin ein Zeitfreiwilliger, und stehle dem lieben Gott die Zeit. Es lebt sich billiger, wenn man: Nieder mit den verfluchten Spartakisten schreit. Fuffzehn Märker den Tag. Daneben allens frei. Es ist ein herrliches Leben. Juchhei.

Ich verdiente mir meine Sporen bei Kapp. Als dessen Sache verloren, zog ich ab. Ich gehöre wieder zu den Regierungstreuen und habe den Schutz der Verfassung erkoren. Ich breche alle Eide von acht bis neun, die ich von sieben bis acht geschworen.

Neulich bei Mechterstädt: Pst ... zeigten wir's den Arbeiterlaffen. Falls es irgendwo ruhig ist, muss man eben künstlich Unruhe schaffen. Lasst die Maschinengewehre streichen! Ins Kabuff. Immer feste druff. Unsre Anatomie braucht Leichen.

Vorfrühling 1923.

Heute fing ich – Krieg ist Krieg – eine Maus in der Schlinge. Frühlingswolken flattern rosig im Winde. Emma schrieb mir von unserm gemeinsamen Kinde, dass es schon in die Schule ginge, dass – wie erhebend! – ein Einser Fritzchens Zensur im Rechnen ziere, weil er patriotisch (nebenbei gesagt: als Einziger der Klasse, der Idiot …) à la hausse der Mark spekuliere …

Heute begegnete ich den ersten Staren. Zum ersten Mal bin ich auch mit der Nord-Süd-Bahn gefahren. Ich bildete mir ein, vom Nord zum Südpol zu rasen. Am Wedding sah ich Eskimos mit Tran handeln, Pinguine durch die Chausseestraße wandeln, und am Halleschen Tor hörte ich die Kaurineger im Jadorfkraal zum Kampfe blasen.

Nur immer Mut! Die Front an der Ruhr steht fest. Die Kohlen werden von Tag zu Tag billiger. Die Nächte kürzer. Die Gesichter länger. Die Frauen williger. Und wenn nicht Alles täuscht (es rüsten Russen und Polen, Rumänen, Ungarn, Jugoslawen und Mongolen): So wird uns spätestens mit den ersten Schoten der unwiderruflich letzte Krieg geboten. Immer ran! Das darf Keiner versäumen! Rassenkampf! Klassenkampf! Wer geht mit? (Ich passe – und offeriere für Kriegsberichterstatter fünftausend ungedruckte Stimmungsbilder aus dem vorletzten Weltkrieg, sofort greifbar gegen Kasse.)

Nachruf auf Cuno.

Cuno steigt in die Arena. Mensch, wie er, so kann es Keena. Cuno wird das Tau schon zieh'n. Er dreht's Ding nicht – 's Ding dreht ihn.

Cuno stemmt mit Pappgewichten. Cuno wird die Zwietracht schlichten. Geht die Sache noch so schief: Cuno ist und bleibt passiv.

Steigt der Dollar in die Puppen: Cuno'n kann das nicht verschnuppen. Er verschenkt zum Schleuderpreise Pfund und Dollar scheffelweise.

Cuno, das ist unser Mann. Cuno regt den Spartrieb an. Jeder Arbeit wird ihr Lohn: Eine Mark gleich 'ner Million.

Steuerstundung, Markkredite: Alles für des Volks Elite. Stinnes singt von steiler Höh' in den Alpen: Safe qui peut.

Cuno pirscht auf Nietzsches Fährte: Unterwertung aller Werte. Cuno sagt aus Karten wahr. Was er nicht zahlt, zahlt er bar.

Cuno spielt für uns Patience mit Kanonen, Gas und Tanks. Treibt's Poincaré idiotisch: Cuno schafft es mehr auf gotisch.

Cuno ist für Alles gut, Cuno hebt gesunknen Mut, senkt die Mark von Etsch bis Belt unter Alles in der Welt.

Steigt ins Walhall deutscher Geister Cuno jetzt, der Währungsmeister – lasst's nicht zur Verzweiflung treiben: Helfferich, er wird uns bleiben!

Regenschirmparaden.

Vor unserm Feldmarschall, dem Ruppert: Wie manches Heldenherz da puppert. Man sieht mit Schirmen und mit Stöcken vorbeimarschier'n die alten Recken.

Mit achtzig und mit neunzig Jahren sind sie von weitem hergefahren, um mit den wackeligen Gliedern den Königsgruß steif zu erwidern.

Ach, besser wär's, ihr alten Knaben, ein Rückgrat überhaupt zu haben im Leben und daheim im Laden und nicht bei völkischen Paraden.

Wenn ihr im Feld spazieren tut, zieht ihr da euren Sonntagshut und reckt ihr euch aus den Gesträuchen vor den (zum Beispiel) Vogelscheuchen?

Der Landwirt Würstlein von Sebelsdorf.

Patriotisches Gedicht.

Der Landwirt Würstlein von Sebelsdorf, ein Mann von echtem Schrot und Schorf, der hat den rechten Fleck auf dem Mund, der lockt keinen Ofen vor den Hund.

Es fließt ein Bach durchs Bayernland, der Wittelsbach wird er genannt, in seinem treuen Schoße kann sich bergen jedweder Untertan.

Und als das siebente Knäblein kam, er König Rupprecht zum Paten nahm, das ist ein Brauch von altem Korn, daran zerschellt des Feindbunds Zorn.

Trotz Gut und Blut hie schwarzweißrot, da hat es selbander keine Not! Fest steht und treu der Rhein auf der Wacht. Durch Sieg zum Tod! Durch Licht zur Nacht!

Oberammergau in Amerika.

Was unsern Christus Lang betrifft, so hatte er sich eingeschifft, um in atlantischen Bezirken für's heilige Christentum zu wirken.

In Boston war er hinterm Zaun wie'n Gnu für'n Dollar anzuschau'n, mit ihm im feschen Dirndlkleid Maria Magdala. All rigth.

Es wussten Mister, Miss und Missis bisher von Christus nichts Gewisses, bis salbungsvoll und blond behaart er sich leibhaftig offenbart.

Er kommt aus Bayerns Urwaldwildnis, verkauft für zwanzig Cents sein Bildnis mit Palme, Kreuz und Ölbaumreis. (In Holz geschnitzt ein höherer Preis.)

Ach, manche Miss entbrannte schon für ihn in großer – yes – Passion. Barnum erblasst vor Neid und kläfft: Weiß Gott, sein Sohn versteht's Geschäft . : .

Gang durch den herbstlichen Wald.

Es kommt der Herbst. Die Luft saust kalt. Kein lieber Gott geht durch den Wald. Ein alter Mann von siebenzig sucht Feuerung für den Winter sich.

Auch unser Herz ist ausgeloht und etwas Feuerung täte not. Wie runzlig blickt das ganze Land und riecht nach Fäulnis penetrant.

Im Sand verrinnen allgemach der Wittels- und der Fechenbach. Im Moor, dort, wo man stach den Torf, verfällt das alte Ludendorff.

Mit Halali und mit Geheil nimmt an der Ebertjagd man teil. Wer jetzt nicht liebt Sang, Weib und Wein – Fest steht und treu der Schacht am Rhein.

Man leert die Hosentaschen aus. Kein Rentenpfennig drin, o Graus. Versuchs und stell' dich auf den Kopf: Ach, kein Gedanke drin, du Tropf!

Verdreckt, verreckt, verhurt, verlumpt – wer, der uns noch 'nen Taler pumpt? Es bringt der allgemeine Dalles noch Deutschland, Deutschland unter alles.

Du kleines Köhlermädchen, sei im Moose meine Herbstesfei. Der Regen rinnt. Es weint der Wind, weil wir so schrecklich einsam sind.

Es kommt der Herbst. Die Luft saust kalt. Ein Schauer streicht durch Welt und Wald. Gib mir den Mund. Komm zu mir her. Umarme mich. Mich friert so sehr.

Die Ballade des Vergessens.

In den Lüften schreien die Geier schon, lüstern nach neuem Aase. Es hebt so mancher die Leier schon beim freibiergefüllten Glase, zu schlagen siegreich den alt bösen Feind, tät er den Humpen pressen … Habt ihr die Tränen, die ihr geweint, vergessen, vergessen, vergessen?

Habt ihr vergessen, was man euch tat, des Mordes Dengeln und Mähen? Es lässt sich bei Gott der Geschichte Rad, beim Teufel nicht rückwärts drehen. Der Feldherr, der Krieg und Nerven verlor, er trägt noch immer die Tressen. Seine Niederlage erstrahlt in Glor und Glanz: Ihr habt sie vergessen.

Vergaßt ihr die gute alte Zeit, die schlechteste je im Lande? Euer Herrscher hieß Narr, seine Tochter Leid, die Hofherren Feigheit und Schande. Er führte euch in den Untergang mit heitern Mienen, mit kessen. Längst habt ihr's bei Wein, Weib und Gesang vergessen, vergessen, vergessen.

Wir haben Gott und Vaterland mit geifernden Mäulern geschändet, wir haben mit unsrer dreckigen Hand Hemd und Meinung gewendet. Es galt kein Wort mehr ehrlich und klar, nur Lügen unermessen … Wir hatten die Wahrheit so ganz und gar vergessen, vergessen, vergessen.

Millionen krepierten in diesem Krieg, den nur ein paar Dutzend gewannen. Sie schlichen nach ihrem teuflischen Sieg mit vollen Säcken von dannen. Im Hauptquartier bei Wein und Sekt tat mancher sein Liebchen pressen. An der Front lag der Kerl, verlaust und verdreckt und vergessen, vergessen, vergessen.

Es blühte noch nach dem Kriege der Mord, es war eine Lust, zu knallen. Es zeigte in diesem traurigen Sport sich Deutschland über Allen. Ein jeder Schurke hielt Gericht, die Erde mit Blut zu nässen. Deutschland, du sollst die Ermordeten nicht und nicht die Mörder vergessen!

O Mutter, du opfertest deinen Sohn Armeebefehlen und Ordern. Er wird dich einst an Gottes Thron stürmisch zur Rechenschaft fordern. Dein Sohn, der im Graben, im Grabe

schrie nach dir, von Würmern zerfressen ... Mutter, Mutter, du
solltest es nie vergessen, vergessen, vergessen!

Ihr heult von Kriegs- und Friedensschuld – hei: der Andern –
Ihr wollt euch rächen: Habt ihr den frechen Mut, euch frei von
Schuld und Sühne zu sprechen? Sieh deine Fratze im Spiegel
hier von Hass und Raffgier besessen: Du hast, war je eine Seele
in dir, sie vergessen, vergessen, vergessen.

Einst war der Krieg noch ritterlich, als Friedrich die Seinen
führte, in der Faust die Fahne – nach Schweden nicht schlich
und nicht nach Holland 'chapierte. Einst galt noch im Kampfe
Kopf gegen Kopf und Mann gegen Mann – indessen heut
drückt der Chemiker auf den Knopf, und der Held ist
vergessen, vergessen, vergessen.

Der neue Krieg kommt anders daher, als ihr ihn euch geträumt
noch. Er kommt nicht mit Säbel und Gewehr, zu heldischer
Geste gebäumt noch: er kommt mit Gift und Gasen geballt,
gebraut in des Teufels Essen. Ihr werdet, ihr werdet ihn nicht so
bald vergessen, vergessen, vergessen.

Ihr Trommler, trommelt, Trompeter, blast: Keine Parteien gibt's
mehr, nur noch Leichen! Berlin, Paris und München vergast,
darüber die Geier streichen. Und wer die Lanze zum Himmel
streckt, sich mit wehenden Winden zu messen – der ist in einer
Sekunde verreckt und vergessen, vergessen, vergessen.

Es fiel kein Schuss. Steif sitzen und tot Kanoniere auf der
Lafette. Es liegen die Weiber im Morgenrot, die Kinder krepiert
im Bette. Am Potsdamer Platz Gesang und Applaus: Freiwillige
Bayern und Hessen ... ein gelber Wind – das Lied ist aus und
auf ewige Zeiten vergessen.

Ihr kämpft mit Dämonen, die keiner sieht, vor Bazillen gelten
nicht Helden, es wird kein Nibelungenlied von eurem
Untergang melden. Zu spät ist's dann, von der Erde zu fliehe
mit etwa himmlischen Pässen. Gott hat euch aus seinem Munde
gespien und vergessen, vergessen, vergessen.

Ihr hetzt zum Krieg, zum frischfröhlichen Krieg, und treibt die
Toren zu Paaren. Ihr werdet nur einen einzigen Sieg: den Sieg

des Todes gewahren. Die euch gerufen zur Vernunft, sie schmachten in den Verlässen: Christ wird sie bei seiner Wiederkunft nicht vergessen, vergessen, vergessen.

Gut Holz.

Zum 37. Stiftungsfest des Verbandes deutscher Kegelsportvereine.

Wer hat dich so hoch da droben – das Kegelspiel ist schon seit ewigen Zeiten eine kulturelle Macht. Ursprünglich haben die Götter mit dem Mond nach den Sternen geschoben und erst später haben sie die Erfindung der Holzkugel gemacht.

Nämlich das kam so: Mit dem Holzkopf der Gott – wie hieß er doch gleich? Jedenfalls war's kein christlicher – der heilige Geist trieb wieder einmal mit den heiligsten Dingen seinen unwürdigen Spott, bezweifelte sich selbst, die unbefleckte Empfängnis – kurz und gut, der betreffende Gott war sprachlos und verlor seinen Kopf. Aus Versehen schob Zeus mit ihm, und der Holzkopf erwies sich als unverwüstlicher denn (bzw. als) der Mond. Vom Holz zum Eisen, von der Holzkugel zur Kanonenkugel ist nur ein Schritt. Und dann kam man auch von den Sternen ab und fand es netter, von nun an auf lebende Menschen zu schieben (da, wie bekannt, die Götter den Menschen über alles lieben) – und so war der ganze Weltkrieg nur ein Preiskegeln der Götter.

Der rumänische Räuberhauptmann Terente.

Ich bin Seine Majestät der Räuberhauptmann Terente und geruhe, im Donaudelta das Zepter eines knorrigen Eichenknüttels zu schwingen. Ich bin der Herr der hundert Teiche und der Sklave der tausend Mädchen.

Eines Tages in Braila auf dem Markt sah ich zwei schöne Schwestern vom Erker auf mich herniederlächeln. Eines Nachts in Braila auf dem Markt raubte ich sie zu ihren Geschwistern, den Wildenten, in den Donausumpf.

Ich liebe die armen Teufel, die armen Engel. Ich habe zehn kriegsinvaliden Bettlern Leierkästen gekauft. Sie spielen auf den Höfen in Bukarest und Konstanza das Lied vom Räuberhauptmann Terente.

Cojoccar und Cervusa sind Laffen gegen mich. Man wird sie mit Recht oder Unrecht hängen. Aber nicht hängen wird man mich, der ich hänge wild am Leben.

Aeroplane, kleine Kanonenboote, Maschinengewehre. Polizisten, Matrosen, Gendarmen, Soldaten sind gegen mich aufgeboten. Ein ganzes Heer gegen einen. Ich bin die Summe eurer Rechenkünste: Ich bin euer Gesetz, das sich gegen euch wendet. Ihr habt mich im Kriege rauben und morden gelehrt. Ich bin euer gelehrigster Schüler, ich, Seine Majestät der Räuberhauptmann Terente.

Leiferde.

Wir leben ganz im Dunkeln, uns blühen nicht Ranunkeln und Mädchen glühn uns nicht. Wir sind von Gott verworfen und unter Schmutz und Schorfen ist unsre Brust mit Schwefel ausgepicht.

Der Rucksack, der ist leer, das Hirn von Plänen schwer, mit uns will's niemand wagen. Wir finden Stell' und Arbeit nicht, der Hunger wie mit Messern sticht den Magen.

Wir sind dahingezogen durch Not und Kot und Dreck. Der Wind hat uns verbogen, das Leben uns belogen, die Menschheit warf uns weg.

Wir wateten im Schlamm, wir kamen an den Damm, ein Zug flog hell vorüber, ach, niemand rief: Hol über! Hol über!

Es tranken Kavaliere im Speisewagen Mumm. Wir sind nicht einmal Tiere, uns wandern Herz und Niere ziellos im Leib herum.

Den Klotz nun auf die Schienen, der Qualen ists genug, bald kommt der nächste Zug, wir wollen was verdienen – und sei's auch nur das Hochgericht. Wenn wir im Äther baumeln und zu den Sternen taumeln, sehn wir zum ersten Mal das Licht – das Licht.

Abschiedsworte an einen Nordpolarfahrer.

Lebe wohl, die Träne hängt am Blicke, welcher dich von dannen gleiten sieht. Dir erfüllt der Horizont sich zum Geschicke, und der Möwenruf zum Lied.

Ewige Ewigkeiten bist du, Skage, die entmenschte Menschheit los. Unser Rattennest scheint dir nur eine Sage, und die Zeitung dient als Brennstoff bloß.

Ach, der Nordpol ist die einzige Gegend, wo die Parze Friedensstoffe webt, wo man sich von hier nach dort bewegend seiner Seele schönster Regung lebt.

Weder dass man morgens zum Ersatztee den Ersatzgeist aufgetischt bekommt – Nein, der Eiskaffee ist hier am Platze, und die kalte Schnauze ist's, die frommt.

Denn der Eisbär ist ein edler Räuber, und ein stummer Bruder der Pinguin. Möwen sind die leichten Zeitvertreiber. und ein biedrer Freund der Schneekamin.

Kehrst nach manchen Jahren dann zurück du – liegt Europa brach von Menschen leer. Bleib in deinem weißen Nordpolglück – du findest eine goldne Welt nicht mehr.

Sonette des Spielers.

Das erste Spiel.

Wir liegen in der Welt. Das erste Spiel treibt wohl die Mutter mit den Brüsten leis. Dann tritt die Amme in den krausen Kreis, sie weiß sehr wenig und sie lehrt uns viel.

Der Bleisoldat schießt nun nach seinem Ziel. Beim Murmelschieben winkt manch schöner Preis. Mit Reifen rennen freut den Buben. Sei's für sich, sei's mit dem zärtlichen Gespiel.

Dem Mädchen, dem die erste Andacht gilt. Bald spielt sie mit dem Knaben ganz allein. Sie streichelt ihn. Sie schmollt. Sie lacht. Sie schilt.

Er flieht zu Würfel, Dirnenscherz und Wein. Sie wendet schaudernd sich von seinem Bild und stößt unwissend ihn in Nacht hinein.

Die Caro-Dame.

Ich bin kein Mensch, aus dem man Staaten macht, und keiner machte jemals Staat mit mir. Ich bin von jedem Hökerweib verlacht, und man rangiert mich unter Stein und Tier.

Ich bin mit keinem Elternpaar bedacht. Ich saufe als Assessor nicht mein Bier; ich ruf' der Soldateska nicht: Habt Acht! Und schlafe klein im dunkelsten Revier.

Oft aber schieß' ich strahlend wie die Blüte der Sonnenblume über Nacht ins Blau, und Sonne steht mir himmlisch im Gemüte.

Ich schlag die Volte wie sein Rad der Pfau und schwebe übersinnlich in die Mythe am Arm der engelgleichen Carofrau.

Poker (Damenvierling).

Wem je die Muse sich vervierfacht bot, der wandelt trunken über diese Auen. Was dünken ihn die Haus- und Straßenfrauen, und was Narzissenwind im Abendrot.

Er schlägt drei Könige bedeutsam tot. Selbst eine volle Hand darf er beschauen. Er schüttet in den Abgrund jenen lauen Kübel voll Jammertum und Menschennot.

Melpomene, du mit der Maske Pik, Thalia, Sterngelächter hell im Herzen, du Klio, trefflich, mit dem Zeichen Sieg –

Oft stand ich sumpfversunken tief in Schmerzen, da winkte, dass die Seele mondwärts stieg, Kalliope mit goldnen Hochzeitskerzen.

Bakkarat.

Mir träumte einst von einer zarten Neun. Ich hielt sie sicher gegen fünf und sieben. Millionen waren in der Bank geblieben, nun durft' ich sie in alle Winde streu'n.

Ich schenkte einem Mädchen sie beim Heu'n. Ich ließ das Gold in goldnen Sieben sieben. Ich wagte tausend Frau'n zugleich zu lieben, und brauchte keinen schlimmen Schutzmann scheu'n.

Ich kaufte mir die blanken Feldherrntressen, die Horizonte, die mein Auge sah, ließ meine Verse nur in Silber pressen.

Ich badete mich in Lavendel – ah – und kaufte für den Rest mir das Vergessen – doch dich vergaß ich nimmer, Bakkarat!

Das Glück im Spiel.

Wenn Gold wie reifes Korn das Schicksal mäht: O selig durch die späte Nacht zu streichen und einen Hunderter der ersten reichen, die mir verhärmt und grau entgegenweht.

Ihr Dankesseufzer gilt mehr als Gebet. Vor meinem Glücke muss ein jeder weichen. Vor meinem Angesicht sind Menschen Leichen um die, noch lebend, Hauch des Aases steht.

Ich stolpre funkelnd weiter auf der Wacht zum liebsten Mädchen, das am Fenster lauscht. Ich hör' sie huschen. Eine Lippe lacht.

Ich seh' sie hinterm Vorhang, der sich bauscht, ich steig' durchs Fenster, schüttle ihr die Pracht des Reichtums in den Schoß, der golden rauscht.

Skat.

Sie hocken, ihre Socken schweißgetränkt, den Leib bedeckt mit braven Jägerhemden. Sie dulden keinen zugereisten Fremden, und jeder Groschen wird verschämt gesenkt.

Der Blick am Blatt steil wie am Galgen hängt. Man teilt. Ein scheuer Jude flüstert: »Wemm denn?« Ein Turnvereinler preist den Kreuzer Emden, indem er feurig seine Röllchen schwenkt.

Zwei Herrn erbleichen, weil sie stark verlieren (so zwei Mark achtzig, wenn ich richtig sah. Mir geht das Spiel beträchtlich an die Nieren, beziehungsweise die es spielen ...) »Tja«, strahlt der Herr Apotheker »Grand mit Vieren« und fühlt als Sohn sich der Germania.

Der Tod im Bridge.

Es spielen dreie mit verdeckten Karten. Ein dummer Vierter findet sich zumeist, der ihre Heuchelei als Tugend preist und den sie mit erhab'nen Reden narrten.

Diewiel er sinnend in den Höhen reist, und seine Sinne der Erfüllung harrten, lächeln die andern höhnisch, und sie karrten Schutt auf sein Veilchenbeet, das Wehmut heißt.

Er nennt die Wahrheit Spiegel, Spiel und Pflicht. Und offen will er seine Pfeile senden. Sein Gegenspieler ist auf Mord erpicht.

Umsonst: er kann das Schicksal nicht mehr wenden. Den andren demaskiert das Morgenlicht und dreizehn Trümpfe hält er schwarz in Händen.

Die Farben.

Ich habe, Jahr, dein Sinnbild bald erbeutet: Du Coeur bist Frühlingsblut – und Blütenfarbe. Du Caro bindest Sonnenschein zur Garbe, du Pik bist Glocke, die zum Herbste läutet.

Wenn Hund und Mensch sich dann im Winter häutet, und man begreift, dass man um alles darbe: Fühlt man in seiner Brust die alte Narbe und sieht das schwarze Kreuz, das Treff bedeutet.

Ein kurzer Weg vom Herz voll Lenz und Blut zum schwarzen Kreuze, das man ächzend schleppt. Einst war man Kind und spielte Kindheit gut.

Nun steht auf leichter Bühne man und steppt in gelbem Frack und violettem Hut. Man glaubt zu neppen – und man wird geneppt.

Der Kiebitz.

Es geht wohl immer einer neben dir, er sieht dir in das aufgeschlagne Blatt, er läuft am Wagen als das fünfte Rad, und trinkt mit dir aus einem Glase Bier.

Er ist dein Schatten, und du bist sein Tier. Was du auch schlingst, er sagt sich niemals satt. Dein ganzes Dasein scheint ihm schal und matt und er verlangt *sein* Leben, ach, von dir.

Wohin du auch die müden Schritte lenkst, wie eine Bremse schwirrt er stets um dich. Und was du tust und was du auch bedenkst:

Er zehrt von deinem Anseh'n brüderlich. Wenn du dich in des Todes Masse mengst: er bleibt am Leben: geil und lüderlich.

Das tanzende Terrarium.

Grotesque sentimentale.

Ich widme diese Verse dem großen und erhabenen Salamander. Das heißt: Der zwanglosen Vereinigung jüngerer Terrarien- und Aquarienfreunde, deren Mitglied ich bin als Nummer 124.

Es soll mir niemand nachsagen, dass ich undankbar oder vergesslich bin. Ich bin imstande, für meine Freunde (und Freundinnen) alles zu tun.

Libellula Immaculata, über den Teichen schwebend im Juniglanze. Ich liebe dich unsäglich. Komm in mein Netz! Behutsam will ich dich fassen, du Goldgeflügelte, verweile einen Augenblick auf meiner Hand!

Blutrote Posthornschnecke, nimm diesen Brief und bring' ihn meinem Mädchen! Lauf, so schnell du kannst! Nächsten Freitag (Karfreitag) veranstaltet (Druckfehler: verunstaltet) die zwanglose Vereinigung »Groß-Berliner Aquarienfreunde« eine Tümpeltour nach Finkenkrug. Man bewaffne sich (nicht mit Handgranaten, sondern): Netzen, Gläsern: das Plankton der Zeit in seine Butte zu füllen.

Mein Barsch ist immer so barsch zu mir. Mein Schlei hat sich gesteigert und wurde zum Schleier, im Komparativ silbrig hängend um eine schöne Stirn. Der Karpfen vertauschte seinen zweiten und dritten Buchstaben und man speiste ihn zur Fastnachtsbowle. Wohl bekomm's! (Den neunstachligen Stichling wird man sich besser nicht in den Mund stecken.)

Der Chlysodaurus ist ein lustiger Kerl. Den ganzen Tag tanzt er hin und her. Er hat meiner Putzfrau schon den Chlysodaurustrott beigebracht. Wenn Sie wollen, unterrichtet er Sie gegen mäßiges Honorar (tausend Fliegen pro Stunde) im indischen Dschungeltanz (neueste Figuren).

Dorippa (was für ein süßer Mädchenname) Lanata trägt Sommer und Winter denselben großen Muschelhut. Es lässt sie so kalt wie Eispolarwasser, wenn Frau Assessor ihr begegnet, sich über die Unmodernität ihres Kopfschmuckes schockiert, mokiert: Dorippchen, wie können Sie bloß!.- Dorippchen ist das ganz egal. Bei den Krebsen wechselt die Mode bloß alle tausend Jahr.

Heute Nacht brannte es im Dorf. Die Feuerwehr wurde alarmiert. Ein Feuersalamander hatte sieben Scheunen angezündet.

Ein Tigerfisch sprang aus dem Teich und riss ein Kalb von einer Herde, die vorüberweidete. O, wie erbleichte schier Nymphae alba, meine zarte Hirtin!

Zwei Basilisken tanzten im Abendrot. Eine Erdkröte spielte Harmonium. Ein paar Tritonenbengels lachten sich einen Ast, auf welchem eine Nachtigall saß und (eine Trommel) schlug.

Gordius, der gordische Knoten, zerhieb sich selbst. Zu seiner (nicht geringen) Verwunderung bemerkte er: Dass er ganz geheimnislos, unkompliziert, dass (gleichsam) er sich sinnlos, zwecklos, selbst zerspalten.

Von nun ab verschmähten die Gordii die rationelle Aufklärungsmethode. Sie sagten jeglicher Wissenschaft ab und zerbrachen sich nicht den Kopf darüber, was vorn und hinten bei ihnen, und After und Maul, Kopf und Schwanz, solches war ihnen alles eins.

Der Strudelwurm hat's gut. Wenn er heiraten will, heiratet er einfach: Sich. Er verliebt sich in sich, er verlobt sich mit sich. Er geht mit sich schlafen. Wie kringelt er sich (heißa!) in der Brautnacht, der längst erwünschten! Nach neun Monaten teilt er sich einfach mittendurch und ist: *Zwei*. Mutter und Kind, Vater und Kind.

Wer liefert mir kleine Regen- und Sonnenwürmer? Meine Molche hungern. Ich bin ein armer terrarischer Prolet. Einen Regenwurm, meine schöne Dame, im Vorüberwandeln! Einen Sonnenwurm, mein feiner Herr, für meine armen hungernden Molche.

Falls Sie eine Lanze haben, so bitte ich Sie, dieselbe für die Kreuzotter zu brechen! Selbige wird noch immer sehr missverstanden. Sie ist ein gutartiges, sanftes, zutrauliches Haustier. Frisst aus der Hand und ihre possierlichen Bocksprünge erheitern jedermann. Sie beansprucht nichts als freundliche Behandlung, sieht mehr auf Anschluss ans Familienleben als gute Bezahlung. Und ist mit Butter zum Frühstück und einem Eierkognak nach dem Nachtmahl *durchaus* zufrieden.

Das Meer.

Ich schwelle in meiner Flut über die Erde. Es wirft meine wilde Welle Tang an den Strand, Muscheln, violette Quallen und kleine Seepferde.

Aber der Ekel zischt, dass ich mich gezeigt. Ich krieche in mich zurück, und der Nordwind schweigt.

Ebbe ist ... Kinder gehen, sammeln, suchen und sehen Krabben, nasse Sterne, erstaunlichstes Getier.

Ich aber bin längst in der Ferne wieder bei mir.

Und was ich an den Strand warf, stirbt in der Luft oder in des Menschen Hand. – Nur die Taschenkrebse graben sich mit ihren Scheren in den Sand. Sechs Stunden warten sie bis zur nächsten Flut. – Die Taschenkrebse kennen mich gut.

Die Mondsüchtige.

Wandelnd auf des Daches First, auf der Mauer schmalem Rande, schreitet sie, die Hohe, Milde, in des Mondes sanftem Licht.

Wie Musik ertönt ihr Schweben, ihre Füße gleiten gläsern. Ihre Hände klingen leise, ihre Augen sind geschlossen.

Hinter ihr der treue Diener achtet ihrer Schritte, dass sie über einen Strahl nicht strauchle, sorglich hütet sie: ihr Schatten.

Gottgeheimnis, Götzenzauber, weiße Statue der Sehnsucht schreitet sie: ich streck' vergeblich meine Hände nach ihr aus.

O wie halt ich die Entschreitende, o wie bann ich die Entgleitende, aber ruf' ich: stürzt sie nieder. Aber schrei ich: ists ihr Tod.

Und so schreitet sie vorüber, ist auf ewig mir verloren. Eine Wolke löscht den Mond aus. Einsam stehe ich im Dunkeln.

Eifersucht.

Vorzustellen: Michael Jaroschin – untertänigst – ist mein Name. Wohlgeboren, Hochgeboren auf dem Berge Gaurisankar. Sah von oben stets nach unten, von den Gletschern in die Täler, von den Wolken auf die Wipfel, von der Sonne auf die Erde.

Und so sah ich eines Tages – vorzustellen: Michael Jaroschin, Sonnengott von Profession – sah ich eines Tages nachts (Jaroschin scheint auch des Nachts), sah ich durch ein unverhang'nes Fenster . : . die geliebte Frau.

Sah die liebliche, die liebe, sah die Liebste, die Geliebte – – – in den Armen eines andern – eines höheren Beamten, eines niederen Charakters.

Da erbleichte selbst die Sonne, vorzustellen: Michael Jaroschin, hob den goldnen Sonnendolch und stieß ihn strahlend durch das Fenster, stieß dem Mann ihn in den Nacken, fuhr der Dolch da durch den Nacken und dem Weibe in die Brust noch: Also lagen auf dem Diwan beide hingestreckt, durchbohrt von dem Dolch des Sonnengottes, vorzustellen: Michael Jaroschin.

Hütet euch, ihr ungetreuen Weiber vor dem Sonnengotte! Ihn betrog die Sonnenfrau, und sie musste darum sterben. Vorzustellen: Michael Jaroschin hält die Wacht im Irrenhause als ein Rächer seiner Ehre, Rächer jeder Mannesehre. In ihm glüht die edle Flamme, heilige Flamme: Eifersucht.

Weihnacht.

Ich bin der Tischler Josef, meine Frau, die heißet Marie. Wir finden keine Arbeit und Herberg im kalten Winter allhie.

Habens der Herr Wirt vom goldnen Stern nicht ein Unterkunft für mein Weib? Einen halbeten Kreuzer zahlert ich gern, zu betten den schwangren Leib. –

Ich hab kein Bett für Bettelleut; doch schert's euch nur in den Stall. Gevatter Ochs und Base Kuh werden empfangen euch wohl. –

Wir danken dem Herrn Wirt für seine Gnad und für die warme Stub'. Der Himmel lohn's euch und unser Kind, sei's Madel oder Bub.

Marie, Marie, was schreist du so sehr? – Ach Josef, es sein die Weh'n. Bald wirst du den elfenbeinernen Turm, das süßeste Wunder sehn. –

Der Josef Hebamme und Bader war und hob den lieben Sohn aus seiner Mutter dunklem Reich auf seinen strohernen Thron.

Da lag er im Stroh. Die Mutter so froh sagt Vater Unserm den Dank. Und Ochs und Esel und Pferd und Hund standen fromm dabei.

Aber die Katze sprang auf die Streu und wärmte zur Nacht das Kind. – Davon die Katzen noch heutigen Tags Maria die liebsten Tiere sind.

Ewige Ostern.

Als sie warfen Gott in Banden, als sie ihn ans Kreuz geschlagen, ist der Herr nach dreien Tagen / auferstanden.

Felder dorren. Nebel feuchten. Wie auch hart der Winter wüte: Einst wird wieder Blüt' bei Blüte / leuchten.

Ganz Europa brach in Trümmer, und an Deutschland frisst der Geier, – doch der Frigga heiliger Schleier / weht noch immer.

Leben, Liebe, Lenz und Lieder: Mit der Erde mag's vergehen. Auf dem nächsten Sterne sehen / wir uns wieder.

Mond und Mädchen.

Es kriecht der kahle Mond durch Zweiggeäder, ob wo im Haus ein Mädchen wohnt, ein warmes Bett, ein daunenweicher Leib, es wärmt zur Winternacht sich gern ein jeder ... O Mädel, bleib, du schlanke Zeder!

Der Mond tastet am Fensterglase und zittert vor Begier und Frost ... das Mädel schlägt ihm vor der Nase die Läden zu und höhnt. Gib Ruh! Alten Gliedern ziemt nicht junger Most!

Er aber hat den Finger in der Fensterspalte, ob ihrer Kissen eine Falte er nicht erspähe, er ihre Blicke, braune Rehe, über der Brüste Sommerhügel zärtlich schreiten sehe.

Nacht im Coupé.

Sternschnuppen in der Nebelnacht? Die Funken der Lokomotive, sie haben der Seele Reisig entfacht, der Liebe verstaubte Briefe.

Briefe, die ich lange trug, sie flammten im Funkenregen. Da war ich frei – mein Herz, es schlug dem Morgenrot entgegen.

Kukuli.

(Für Carola Neher.)

Kleiner Vogel Kukuli, flieh den grauen Norden, flieh, flieg nach Indien, nach Ägypten über Gräber, über Krypten, über Länder, über Meere, kleiner Vogel, lass die schwere Erde unter dir und wiege dich im Himmelsäther – fliege zwischen Monden, zwischen Sternen bis zum Sonnenthron, dem fernen, flieg zum Flammengott der Schmerzen und verbrenn' in seinem Herzen!

Als sie meine Stimme im Radio hörte.

Du hörtest meine Stimme wie von fern. Sprach ich von einem andern Stern? Du griffst mit deinen Händen in das Leere, ob dort ein Leib nicht und ein Lächeln wäre. Kein Leib. Nur Stimme. Lippe nicht. Nur Wort. Und leise legtest du den Hörer fort.

Als sie zur Mittagszeit noch schlief.

Zwar es ist schon Mittagszeit, Sonne steht schon hell am Himmel – in den Straßen: welch Gewimmel, in den Herzen: welches Leid – manches Segel bauscht der Wind, mancher Kutter bleibt im Hafen – du sollst schlafen, du sollst schlafen, du sollst schlafen, liebes Kind.

Siebzigmal littst du Haitang, fünfzigmal starbst du Johanna – schmecktest Süßigkeit und Manna, wenn der Quell der Qualen sprang. Süßes, junges Blut – es rinnt – Küsse, Dolche flammten, trafen – du sollst schlafen, du sollst schlafen, du sollst schlafen, liebes Kind.

Einmal endet sich das Spiel, einmal endet sich das Grausen, und die Ewigkeit wird kühl dir um Brust und Schläfen sausen. Sand deckt dich wie Wolle lind, und der Hirte bläst den Schafen – du sollst schlafen, du sollst schlafen, du sollst schlafen, liebes Kind.

Als sie die ihr geschenkte Kristallflasche in der Hand hielt.

Brechen sich im Glas die Strahlen, bricht das Glas sich in den Strahlen? Glänzt dein Auge in der Sonne, glänzt die Sonn' in deinem Auge? Liebt dein Herz mich? Herzt mich deine Liebe? Seliges Verdämmern: denn wir sterben unser Leben und wir leben unsren Tod.

Liebeslied.

Dein Mund, der schön geschweifte, dein Lächeln, das mich streifte, dein Blick, der mich umarmte, dein Schoß, der mich erwarmte, dein Arm, der mich umschlungen, dein Wort, das mich umsungen, dein Haar, darein ich tauchte, dein Atem, der mich hauchte, dein Herz, das wilde Fohlen, die Seele unverhohlen, die Füße, welche liefen, als meine Lippen riefen –: Gehört wohl mir, ist alles meins, wüsst' nicht, was mir das Liebste wär', und gäb' nicht Höll' noch Himmel her: eines und alles, all und eins.

Nachts.

Ich bin erwacht in weißer Nacht, der weiße Mond, der weiße Schnee, und habe sacht an dich gedacht, du Höllenkind, du Himmelsfee.

In welchem Traum, in welchem Raum, schwebst du wohl jetzt, du Herzliche, und führst im Zaum am Erdensaum die Seele, ach, die schmerzliche –?

Du warst doch eben noch bei mir.

Du warst doch eben noch bei mir, ich war doch eben noch bei dir – ging denn die Tür? Sprang auf das Haus? Und gingst du ohne Gruß hinaus?

Es ist so dunkel. Dämmert es? Hier klopft ja was. Was hämmert es? Klopft denn die Wand? Tropft denn die Kerz'? Es klopft und tropft und klopft mein Herz.

Zwiegespräch.

Wie kommt es, Mädchen, dass du deine zarten, weißen Schuhe beim Tanzen nie beschmutzest? – Weil ich auf zarten, roten Herzen tanze.

Sommerelegie.

Sommer. Ich bin so müde. Alles noch braun und leer. Förster mit Büchse und Rüde. Jagd über Moore und Meer.

Möven in silbernen Binsen. Alpen gezahnt und gezackt. Sterbende Hasen linsen in den Mondkatarakt.

Schöner Falter im Himmel, sieh, mir versagt der Blick, deiner Flüge Gewimmel fällt in sich selber zurück.

Kühe, die niemand melkte, mit dem Euter so fahl, und das verwölkte, verwelkte, göttliche Bacchanal –

Deutschland ist untergegangen in einem Bad von Stahl. Heraldische Drachen und Schlangen beten zum biblischen Baal.

Ein blühender Weidenstängel erschlägt diese ganze Welt. Schlafe, mein Stahlbadeengel, schlaf, Nie-gelungen-Held.

Regen.

1.

Der Regen rinnt schon tausend Jahr, die Häuser sind voll Wasserspinnen, Seekrebse nisten mir im Haar und Austern auf des Domes Zinnen.

Der Pfaff hier wurde eine Qualle, Seepferdchen meine Nachbarin. Der blonde Seestern streckt mir alle fünfhundert Fühler zärtlich hin.

Es ist so dunkel, kalt und feucht. Das Wasser hat uns schon begraben. Gib deinen warmen Mund – mich deucht, nichts bleibt uns als uns lieb zu haben.

2.

Der Regen läuft an den Häusern entlang wie tausend silberne Käfer. Fahles Licht fällt kupfern in mein Zimmer. Ein Mann mit Holzbein singt auf dem Hinterhof: Lang, lang ist's her –

Wie währte kurz des Sommers heißes Glück. So kurz wie zwischen Kuss und Kuss ein Hauch. Wenn ich morgens meine Haare strähle, entdecke ich immer mehr weiße zwischen den schwarzen und grauen. Leiser schlägt das Herz von Tag zu Tag: die Abendglocke hinter den Wäldern.

Wie war vergebens alles, was ich tat: im Traum der Nacht, im Anbeginn des Tags. Ich traute, vertraute Gott, dem Bruder, der mir mein Gut stahl, mein Gutes und meine Güte.

Die Tenne dröhnt. Sie dreschen volles Stroh und leere Worte. Es riecht beim Bauern nach eingekochten Zwetschgen. Abends nach des Tages Arbeit liest er in der Bibel: Alles ist Liebe! Und prügelt sein schwangeres Weib.

Der Briefbote bringt nur Verzweiflung ins Haus. Meine alte Tante verkauft ihr letztes, ein rostiges Klavier. Sie spielt noch einmal mit knöchrigen Fingern das Lied ihrer Jugend: Lang, lang ist's her –

Die letzte Kornblume.

Sie ging, den Weg zu kürzen, übers Feld. Es war gemäht. Die Ähren eingefahren. Die braunen Stoppeln stachen in die Luft, als hätte sich der Erdgott schlecht rasiert. Sie ging und ging. Und plötzlich traf sie auf die letzte blaue Blume dieses Sommers. Sie sah die Blume an. Die Blume sie. Und beide dachten (sofern die Menschen denken können, dachte die Blume …) dachten ganz das Gleiche: Du bist die letzte Blüte dieses Sommers, du blühst, von lauter totem Gras umgeben. Dich hat der Sensenmann verschont, damit ein letzter lauer Blütenduft über die abgestorbene Erde wehe – sie bückte sich. Und brach die blaue Blume. Sie rupfte alle Blütenblätter einzeln: Er liebt mich – liebt mich nicht – er liebt mich … nicht. – Die blauen Blütenfetzen flatterten wie Himmelsfetzen über braune Stoppeln. Ihr Auge glänzte feucht – vom Abendtau, der kühl und silbern auf die Felder fiel wie aus des Mondes Silberhorn geschüttet.

Zeesener Dreizeiler.

Der See wirft Wellen / aber nicht aus sich / ihn peitscht – der Wind.

Die liebliche Libelle! / Sie liebt und wird geliebt / im Fluge.

Immergrün / steht die Tanne. Der Ahorn steht schon / nimmer grün.

Ode an Zeesen.

(Für Dr. Ernst Goldschmidt)

Aus Jupiters Hand geschleudert / Donnerkeil / Im Juligewitter / Mein steinernes Herz / Du glühst nicht mehr –

Aus den Sternen gestürzt / Aus den Wolken geschüttet / Bruch / Wolkenbruch / Blitz / Donner / Aufschlagend am Feldstein / Regenbogen / Verwirrt im Dorngesträuch / Du siebenfarbener Schleier / Zerfetzt / Ihr kleinen Heckenrosen / Ihr willigen Trösterinnen / Ihr haltet das flatternde Band der Tristitia.

Verwundet / Verwundert / Erblickt / Zwischen zwei ragenden Föhren / Das graue Auge / Den goldenen Tag / Blauer See / Blauer lauer See / Mückensingsong / Linde Ufer / Und der Winde Rufer / Springen durch das Korn / Unter ihren kühlen Sohlen / Beugen die heißen Halme sich zärtlich / Richten sich zärtlich auf / Und winken / Dem so herrlich taumelnden Mittagswinde nach.

Drüben vom Jenseits / Drüben vom Jenseits des Sees / Ruft der Kuckuck / Allen Lebenden ruft der Kuckuck / Tausend lebendige Jahre zu.

Hinein mit einem Hechtsprung / Zu den Hechten und Barschen / Hinaus aus den Binsen / In die schaumige Weite / Aufscheuchend die Frösche / Welche geblähter Kehle / Die Liebe locken die Liebste locken / Voll geiler Gier / Fische selbst und faulendes Holz bespringen / Denn es rast die Liebe in den Geschöpfen / Kitty die Hündin ist läufig / Und Bodo der Hund / Jault die Tage und Nächte nach ihr / Nimmt das Fressen nicht und magert bis auf die Rippen / Auf dem Dachfirst schnäbeln die Tauben / Im Wasser / Tanzt der Gründlinge silberner Reigen / Im Schilf / Jagen und jachtern blauschillernde Libellen / Und auf den Wogen des Sees / Sieh die Taucher schlank weißlichen Halses mit gelbem Kropf / Immer zu zweit / Segeln die Liebenden / Und auf dem Rücken trägt sorglich die Mutter / Die flaumige Zukunft das krächzende Kind.

Auch wir / Mädchen / Geliebte / Frau / Mensch / Immer zu zweit zu zweit seit zweien Jahren / Schwimmen wir auf den Wassern des Lebens / Auf den Zeesener Gewässern / Dahme Middelwede und großer Peetz.

Aus dem Luch / Erhebt sich ein Wind der wie Fuchs auf der Lauer lag / Zwischen Heidelbeerkraut und Moosen / Er springt dem See in den silbernen Nacken / Dass die Gischt aufspritzt wie weißes Blut / Es wogen die Wellen / Es wogen die Binsen / Es wogen die Felder / Es wogen die Wipfel der Bäume / Wir selber treiben auf den Wellen / Wie Wasser Gras und Buchenkrone / Auf und nieder / Auf und nieder / Auf und nieder.

Zurück an den Strand / Jetzt Sonne recke den feurigen Schild / Über unsre dampfenden Leiber / Zu heiß du flammender Ritter trifft uns dein roter Speer / Ihr schattenden Bäume / Vom Borkenkäfer durchwandert / Vom Specht beklopft / Ihr schattet mein müdes / Im Zittergras versinkendes Haupt / Ihr fächelt mit euren grünen Armen / Mit euren blättrigen Händen / Mir Trost und Vergessen zu / Sei bedankt / Geliebtes Geschwister / Akazie / Wie gerne starb ich den Schlaf / In deinen kühlen Armen / Wie gerne will ich den Tod / Einst in deinen Armen verschlafen / Will ich in deinem feuchten Schatten / Ach noch viele Ewigkeiten verschlafen / Wenn die grelle Mittagssommersonne / Die gemähte Stoppelwiese dörrt / Und zu meinen Füßen / Dämmert verdämmert Bodo der Hund.

He Bodo / Hierher Bodo / Wolfssohn / Willst du wohl die Gänse nicht scheuchen / Die heiligen Träger des Daunenschlafes / Die gütigen Behälter des Gänsefettes / Wackelnd mit den feisten dermaleinst gebratenen Gänsekeulen.

Ganz von fern wie ferner Krieg / Rollen / Auf der Königswusterhausener Bahn die Güterzüge.

Und ich sitze nackt auf der Veranda / Wie des Sommers Gott / Sitz ich nackt und faul auf der Veranda / Violett umblühen mich Bethulien / Mich umtanzen / Dicke Fliegen Filigran von Mücken / Pfauenauge und Zitronenfalter / Und ich hock und fress' wie ein Kaninchen / Frischen mildesten Salat / Kohlrabi / Auch gezuckerte Johannisbeeren / Und danach ein Glas / Erdbeerbowle / Wie ein Mensch / Wie ein Gott / Und ich sitz und schwitz und fress' und sauf / Und ich denk und träume / Nichts / Träum und denk das Nichts vom Nichts des Nichtses / Bin am Ende meiner Kräfte / Und am Anfang aller Seeligkeit.

Hochbeladen mit dem gelben Korn / Schwankt der Wagen in die Scheune / Und das brave Pferd umspringen bellend / Sieben schwarz und weiße Wolleknäuel / Sieben Terrier Bosko Fatty Step / Tipsy Kitty Bill und Fap / Aus dem offenen Stall fegt eine Schwalbe / Drin im Stalle säugt die Kuh das Kälbchen.

Zwischen Bäumen / Wachsen schlanke steile dünne Eisensäulen / In den Horizont / Die Funktürme von Königswusterhausen / Hier Königswusterhausen auf Welle 1300 / Achtung Achtung Achtung / Der Dichter Klabund spricht eigene Verse.

Er spricht mit abgehackter blecherner Stimme / Dieweil er im Grase liegt – Das rechte Ohr an die Erde gepresst / Horcht er auf den Herzschlag der Erde / Und auf den Wanderschritt des Maulwurfs / Er wirft die Worte in die Luft / Wie nicht entzündete Raketen / Sie brennen nicht / Sie leuchten nicht / Sie fallen zischend ins feuchte Gras / Achtung Achtung Achtung / Hochachtung Hochachtung Hochachtung / Ganz besondre Hochachtung / Ihm lauscht kein Mensch kein Wesen kein Tier / Die Luft spielt mit den Worten wie mit Brennnesselsamen / Sie weht sie da und dorthin / Einige Partizipia bleiben in einer Konifere hängen / Ein strahlendes Adjektiv treibt Bauch nach oben wie ein toter Fisch im See.

Aber ein liebliches Präpositum / Fiel in einen Baumritz / Einer Dryade in die Augenbrauen / Und kitzelte sie aus dem Schlaf / Zierlich trat sie aus dem dunklen Baumstamm ins grelle Licht / Und stand geblendet – / Da begannen die Grillen zu zirpen / Die Heuschrecken musikalisch ihre Hinterbeine zu reiben / Und der Jazz des Sommers rauschte auf / Meckernd fielen die Ziegen ein / Die Kuh blökte die Hunde bellten die Gänse

schnatterten / In der Ferne Gewittergrollen / Die dumpfe
Pauke des Donners / Gott sitzt am Schlagzeug / Yes Sir that's
my baby / Da stampfte die entfesselte Dryade den Charleston /
Die braunen rötlich überkupferten Haare fielen ihr mähnig
über die Stirn / Wie einem Pony.

Tanz stampf tritt den Boden / Tritt die Erde, dass sie dir
untertan sei / Die Erde dem Weibe / Wie seit Urbeginn / So
heute / Zertritt die Butterblumen im Tanz / Was tut's /
Zermalme die kleinen roten Käfer im tollsten Takt / Töte die
dir aufspielen zum Tanz mit deinen tanzenden Sohlen / Töte
Grille und Heupferd / Tanze tanze / Töte töte / Schon springst
du mir in den Nacken / Puma / Und tanzest auf meinen
Knabenschultern / Yes Sir yes Sir / Den Jazz des Sommers.

Genug genug wilde Nymphe / Zieh' dir den
schwarzrotgestreiften Bademantel an / Und komm auf den
Tennisplatz / Henry der Trainer wartet schon auf die gnädige
Frau / Du schlägst die Bälle / Zwei Dutzend Bälle / Zwei
Dutzend Menschenköpfe / Haarscharf übers Netz / Keinen
Liebesblick / Keinen Ball / Lässt du aus.

Abends nach dem Essen / Yes Sir yes Sir / Steppst du im
blauen Pyjama / Blauer Pyjama blauer Himmel blauer See –
Wie ein japanischer Ringer / Mit dem dicken gebräunten
Sharakugesicht / Boxt der gewaltige Herr des Gutes /
Rittergutes / Raubrittergutes / Zeesen / (Nach der
Volkszählung von 1905 besaß der 352 Hektar umfassende
Gutsbezirk Zeesen 25 Einwohner) / Boxt die erhabene
märkische Majestät / Den Raum / Boxt mit Träumen
mathematischen Reihen Börsenkursen und wilden Ziffern /
Oberbedarf / Unterbedarf / Mannesmann / Weibesweib / Die
Firmen Frisch Frank Fröhlich Frei haben Geschäftsaufsicht
angemeldet / Yes Sir that's my Baby / Noch ein Glas Bowle /
Elektrisches Licht überm Garten / Sommernachtstraum / Ein
Gang noch mit den englischen Terriern / Kitty Bill Tipsy Bosko
Fatty Step Fap / Licht aus / Happy End / Week-end.

Nachts / Schlafe ich schlecht / Durch geöffnete Fenster /
Wandert die ganze Unterwelt / Weiße Spinner kommen

geflattert mit riesigen roten Augen / Spanische Fliegen mit fetten grünen Bäuchen / Braune Motten und kleine Perlmutterfalter / Summende Mücken sirrende Gnitzen / Ihnen nach die Königin des Dunkels / Ihre Herrin und Vertilgerin / Die gefräßige / Die Fledermaus / Und am Boden raschelt's: schwarze Schwaben / Aus der Mauer kriechen Tausendfüßler / Alles lärmt und knackt und surrt und raschelt / Plötzlich trappt und trippelt's auf den Bohlen / Wie ein Pony trappelt und ein weißes / Tier steht wie gebäumt im Rabenschwarzen / Wie ein Schimmel auf den Hinterbeinen / Hebt die Vorderhufe drohend / Schnaubt gar grimmig durch die Nüstern / Schreien will ich mir verschlägt's die Sprache / Da / ein Sprung / das Tier hockt auf dem Bettrand / Und umschlingt mich mit den weißen Armen / Drückt die heißen Lippen auf die meinen / Yes Sir that's my Baby.

Mein steinernes Herz - - - / Du glühst noch -

Auf dem Friedhof von Zeesen.

Ich steig vom Rad. Ein Grab im märkischen Sande. Hier ruht ein Wesen: Mädchen, Kind und Weib. Sie wurde vierzehn Jahre alt – und tanzte im Takt des Pulsschlags in den Fiebertod.

Sie hatte Augen, um das Licht zu halten. Das Auge brach. Das Licht glänzt ungebrochen. Sie hatte zarte Füße, auf der Erde zu schreiten – und die Erde rollt noch immer.

Sie hatte Hände, einen Zweig zu biegen. Der Zweig weht immer noch im Sommerwinde. Sie hatte Lippen, einen Mann zu küssen. Sie ging hinab, eh' sie ein Jüngling küsste.

Wir werfen Netze, um den Wind zu fangen. Wir stellen Schlingen für die Wolkenvögel. Wir schreien, um an Gottes Ohr zu rühren. – Gott hört am Sirius den Äther singen.

Wir steigen Berge, himmelstürmende, um jäh in einem feuchten Loch zu enden. Libellen schaukelten um unsern Morgen, und unsere Nacht umschwirren Fledermäuse.

Mond überm Schwarzwald.

Goldne Sichel des Monds! Dich schwingt der ewige Schnitter und mäht Halme und Herzen.

Siehe, ich wand're auf steinichter Höhe über dem wolkigen Wald und neige willig den Nacken deinem erlösenden Streich.

Davoser Elegie.

Wieder bricht ein Tag mit himbeerrotem Glanz über die verschneiten Berge. Ich wache auf und erschrecke sanft. Da bin ich wieder: zurückgekehrt aus dem warmen Sarge des Schlafs und muss schwer atmen, leicht lächeln, seufzen, erkennen, sein.

Die Kuckucksuhr schlägt neun. Der Teller mit Früchten auf dem Nachtisch hat eine Musikmechanik in sich; hebt man ihn auf, spielt er Morgenrot, Morgenrot – es wird also Zeit, das Frühstück herbeizuklingeln. Das rothaarige, morgenrothaarige, haarige Dienstmädchen erscheint, anzuseh'n wie Santa Barbara, die Schutzheilige der Kanoniere. Weil sie der erste frühe Bote der Menschheit, ist sie mir höchlich verhasst.

Es ist eine schöne Frau auf der Welt, die mich (vielleicht) liebt. Weil ich nicht sprechen kann, verschweige ich mein Herz. Man soll nicht zu große Worte und zu große Tiraden machen. Sie werden leicht überheblich. Kennen den Vater nicht mehr, nicht die Mutter. Zum Beispiel Alexander der Große. Lassen wir das humanistische Gymnasium.

Ein Vogel zwitschert. Es wird ein Spatz sein, der auf dem Balkon in den steinharten, gefrorenen Kuchen pickt, den ich gestern stehen ließ. Oder sollte es ein Geier sein, der seinen Prometheus sucht? Wenn ich nach Zürich fahre, werden sich alle Leute in der Pension aufregen: Kaum von den Toten auferstanden und schon wieder hehe.

Man modelliert mich, man zeichnet mich, man schneidet mich in Holz: Engel mit der Lyra. Ich werde zurzeit von zwei Ärzten und drei Künstlern behandelt. Der Bildhauer M. seziert mich ausgezeichnet. Der Doktor R. hat mich (mit seinem glühenden Stahl) fabelhaft getroffen.

Sind Sie schwach auf der Lunge: kommen Sie, besuchen Sie mich hier oben im Tal des Friedens (den Prospekt sendet Ihnen der Kurverein auf Wunsch.)! Sie werden zwar auch hier keine Ruhe finden. – aber Sie werden Liegekur machen, sich vollfressen, den Kehlkopf ausgebrannt bekommen, liebeln und pokern. Sie werden einige Jahre länger leben. Und wir hängen doch alle am Leben wie die Schächer am Kreuz.

Im Spiegel.

Ich sehe in den Spiegel. Was für ein unverschämter Blick mustert mich? Jetzt zieht er sich schon in sich selbst zurück – Pardon: ich habe mich fixiert. Ich will mir nicht zu nahe treten.

Meine Freunde kann ich mir an den Fingern einer Hand abzählen. Für meine Feinde brauche ich schon eine Rechenmaschine. Was bedeuten diese tiefen Furchen auf meiner Stirn? Ich werde Kresse und Vergissmeinnicht drein säen.

Im Berliner botanischen Garten sah ich einen Negerschädel, aus dem eine Orchidee spross. So vornehm wollen wir's gar nicht machen. Bei uns genügt auch ein schlichtes deutsches Feldgewächs.

Wir wollen durch die Blume zu den Überlebenden sprechen, wie wir so oft zu den nunmehr verwesten sprachen. Also, meine liebe Leibfüchsin: du kommst mir deine Blume – Prost! Blume!

Ich stehe nicht mehr ganz fest auf den Füßen. Der Spiegel zittert. Seine Oberfläche kräusele sich, weil ich lache. Da ist der Mond – er tritt aus dem Spiegel in feuriger Rüstung und legt seine weiße kühle Hand auf meine fieberheiße Stirn.

An einen Freund, der wegen einer ungetreuen, eitlen, verschwenderischen Frau Klage führte.

Du kannst dem Frühling nicht Halt gebieten und nicht der ungetreuen Frau. Der Nordwind saust um deine Stirn. Geh, geh von dannen.

Hast du Geld, so stiehlt es deine Frau. Sie braucht zu ihrem Maulwurfmantel noch ein Biberjackett. Zu ihrem Biberjackett noch ein Hermelin-Cape. Hast du kein Geld, so hast du auch nicht weniger.

Hast du kein Geld, so hungerst du zuweilen; hast du Geld, so hungerst du immer – nach Liebe. Deine Frau liebt dein Scheckbuch. Wirf es ihr vor die Füße – doch nicht dich selbst.

Es schneit – es schneit – einst in der Laube schneite es Birnblüten über euch. Jetzt. Jetzt schneit es unbezahlte Rechnungen.

Das Ende.

Du hast die zarten Liebeskräfte im Trugkampf trotzig überspannt. Nun sind zerklirrt die stolzen Schäfte, zerfetzt das rote Fahnenband.

Einst fand'st du Rosen, süße Spiele der Lust, an jedem muntren Ort. Der Blumen blühten dir zu viele, du warfst die kaum gepflückten fort.

Nun wanderst du die Pfade heute – zerflattert Rosenblatt und Kuss. Wo einst die Blumen leichte Beute, klafft ekeltief der Tartarus.

Es ist genug.

Es ist genug. Mein trübes Licht bereit' sich zu erlöschen. Ich hab' vertan mein Recht und Pflicht und meiner Seel' vergessen.

Es ist genug. Es weht ein Wind, weht nicht von Ost noch Norden. Auf der Milchstraße wandert ein weißes Kind, ist nicht geboren worden.

Du über den Häusern heller Schein, wovon bist du so helle? Stehst du um die Stirn einer Jungfrau rein oder brennt ein Sünder zur Hölle?

Heimkehr.

Ich bin geboren in einem Wäschekorb, aufgewachsen in einem kleinen grünen Garten. Fünf Meter lang, fünf Meter breit – mein Sarg wird wohl noch enger sein.

Kohlrabi, Apfelreis, Radieschen, waren meine Lieblingsspeisen. Das Mädchen, das mich wartete, hieß Berta Jaensch. In den Johannisbeersträuchern am Gartenrand lebten gute Gnomen und böse Echsen.

Fünfzehn Jahre war ich, da ich von Hause wegging. Hochtrabend trabte ich zu Roß aus dem Glog'schen Tor. Dreiunddreißig Jahre bin ich, da ich nach Hause zurückkehre auf einem knatternden Motorrad.

Die alte hölzerne Zugbrücke ist niedergerissen. Jetzt bezwingen die Oder Eisen und Beton. Nur der Fluss darunter, er fließt wie vor tausend Jahren so auch heute.

Ich gehe durch die Gassen und niemand kennt mich. Ich trage Knickerbocker und man hält mich für einen reisenden Engländer. An der Schmiede, wo ich als Kind ins lohende Feuer sah, bleibe ich stehn und starre in Asche und Ruß.

Oben auf dem Bergfriedhof bin ich nicht allein. Hier liegen viele, die ich einst gekannt habe. Der alte Professor, bei dem ich lateinischen Nachhilfeunterricht hatte, und mein kleiner Bruder.

Jetzt stehe ich am Grabmal eines Generals, der unter Friedrich dem Großen focht. Seinen Namen verwitterte das Gestein. Was wollte er, was konnte er? Niemand weiß es.

Er führte in der Schlacht von Kunersdorf ein Grenadierregiment – und? – Schritt mit dem Degen in der Faust voran. – Seine Pflicht. – Er hatte außer dem preußischen Exerzierreglement nie ein Buch gelesen, und war stolz darauf. –

Wir haben alle Bücher gelesen und keine Schlacht geschlagen. Es ist eines so wenig wert als das andere. Einmal werden vor meinem Grab die Leute stehn. Was wollte er, was konnte er? Niemand weiß es.

Hoppla, Bruder, steh auf, du hast schon lange genug geschlafen. Jetzt bin *ich* an der Reihe. Da hast du meinen Stock, Esche, Natur, ungeheizt, Hornspitze. Geh an meiner Stelle hinunter in die Stadt.

Es dämmert. Ehe die erste Gaslaterne aufflammt, wirst du am Marktplatz sein. Dort steht die Königl. Preußische Adlerapotheke. Bringe Vater und Mutter einen Gruß von mir.

Sag ihnen, ich hätte mich zur ewigen Ruh begeben und mich lebendig begraben. Drei Hände Erde auf mein Grab, drei Seufzer, drei Tränen und damit basta. Bitte, Vater, lass dich in der sachgemäßen Herstellung von Dr. A. Henschkes Restitutionsfluid nicht stören.

Ahasver.

Ewig bist du Meer und rinnst ins Meer, Quelle, Wolke, Regen – Ahasver ... Tor, wer um vertane Stunden träumt, Weiser, wer die Jahre weit versäumt. Trage so die ewige Last der Erde und den Dornenkranz mit Frohgebärde. Schlägst du deine Welt und dich zusammen, aus den Trümmern brechen neue Flammen ... Tod ist nur ein Wort, damit man sich vergisst ... Weh, Sterblicher, dass du unsterblich bist!

Die Glocke.

Die Glocke dröhnt und stöhnt die Stunden in die Welt. O, wer sie dieses Zwangs entbände! Sie ist bis an ihr Ende bestellt, dass klingend sie ihr Herz ins Nichts verschwende.

www.ingramcontent.com/pod-product-compliance
Lightning Source LLC
Chambersburg PA
CBHW031836230426
43669CB00009B/1370